Maletas didácticas

Maletas didácticas

Definición, modelos y pautas para su diseño

～～～

Ana Portela Fontán
Carolina Martín-Piñol

(coordinadoras)

EDICIONES TREA

Primera edición: abril de 2024

© del texto: los autores de cada capítulo, 2024

© de esta edición: Ediciones Trea, S. L.
   Pol. Industrial de Somonte · M.ª González la Pondala, 98, nave D
   33393 Somonte · Cenero · Gijón · Asturias · España
   Tfno. 985 303 801 · Fax 985 303 712
   trea@trea.es
   www.trea.es

Dirección editorial: Álvaro Díaz Huici
Producción: Patricia Laxague Jordán
Corrección: Almudena Zapatero
Maquetación: Almudena Zapatero
Impresión: Podiprint

Depósito legal: AS 00751-2024
ISBN: 978-84-10263-02-4

Impreso en España — Printed in Spain

Índice

Introducción al uso de maletas didácticas

Joan Santacana Mestre

Quizás el motivo por el que se me pide que encabece este manual es que yo soy de los que casi no pueden ir a una clase o dar una conferencia sin tener algo en la mano, algún objeto, o de los que, directamente, entran con una maleta de objetos. La experiencia me ha enseñado que llevar un objeto consigo despierta la atención, la gente se pregunta qué es aquello, para qué lo llevo, qué extravagancia resultará del objeto. Y estos interrogantes previos despiertan expectación y ayudan a captar el interés.

Hace un tiempo leí una anécdota ocurrida durante la jornada de montaje de la feria ARCO en Madrid. En una esquina de un *stand* apareció una maleta. Se trataba de un clásico *trolley* rodeado por tres tiras de cinta adhesiva azul. El color azul intenso contrastaba con el blanco inmaculado del *stand*. La maleta no estaba custodiada. ¿Qué era aquello? ¿Se trataba de un objeto artístico no identificado que formaba parte de la exposición? ¿Era una maleta de algún artista que la había perdido? ¿Era una alegoría a un viaje interrumpido por alguna razón? ¿Era una metáfora de las medidas antiinmigración? Nadie sabía si era una obra de arte en venta, en tal caso, tampoco su precio, o si contenía una bomba.

En realidad, la maleta de la cinta azul sirve para renovar la eterna pregunta sobre qué es arte. También me sirve como objeto de interrogación y me recuerda una historia que viví en un museo de Ciudad de México, en una visita realizada en el año 2011; se trataba del Museo Interactivo de Economía (MIDE). En una sala había una gran fotografía de una estación ferroviaria, con sus clásicos anuncios, horario de trenes y bancos para sentarse; en el suelo había alguna maleta, aparentemente abandonada, un macuto lleno de cosas y un saco. De pronto se presentaron dos chicas vestidas a la usanza de los ferroviarios de principios del siglo xx y nos preguntaron a los que estábamos en la estancia de quién era aquello; nos invitaron a abrirlo todo y a descubrir de quién podía ser. ¡Era un ardid didáctico para situarnos en el contexto de la Revolución mexicana!

Ambas situaciones son ejemplos de la estrategia didáctica de «la maleta perdida», que cumplen una misión: en el primer caso, interrogarnos sobre qué es arte y qué no lo es; en el segundo, plantearnos el contexto de la Revolución de México. A la vez sugieren la múltiple utilidad didáctica del concepto de la maleta didáctica.[1]

En esta introducción al concepto de MD, tres ítems nos parecen relevantes: en primer lugar, hay que destacar la relación existente entre este concepto y el de *modelo*; en segundo lugar, hay que señalar la íntima conexión con la teoría de la didáctica del objeto y, finalmente, las potencialidades de las MD en el contexto de la creatividad.

Una idea basada en el concepto clásico de modelo

La idea de MD es sin duda muy antigua; si esto es así, se debe a que es una idea eficaz. El concepto se ha basado siempre en la idea de modelo (Marked, 2002). Un modelo es una simplificación de la realidad y las MD asumen esta limitación; no son la realidad, pero la sugieren. La MD, por lo tanto, al partir del concepto de modelo, asumen las cualidades propias de un grupo y se convierten en la base u origen de copias futuras. Por esta razón siempre han gozado del favor del profesorado. Así, a principios del siglo xx, en los museos alemanes existían colecciones de réplicas de objetos prehistóricos que mostraban los principales prototipos de las culturas a las que representaban. No eran elementos auténticos, pero se convertían en la base para interpretar las numerosas variantes existentes de cada uno de los objetos.

Otra característica del modelo es que tiene un significado práctico y, por lo tanto, es imitable o copiable. En las escuelas de arquitectura siempre se han utilizado modelos en miniatura de edificios emblemáticos con esta misma idea. Estos modelos, que se transportaban en maletas, servían para hacer copias o réplicas de un edificio en distintas partes del mundo (Manzano, 1989).

Además, a veces, los modelos nos ayudan a comprender aquello que no podemos ver; por ejemplo, los átomos. Para explicar su composición y funcionamiento, se suele recurrir a modelos corpóreos, materiales, es decir, auténticas MD que sirven para mostrar los distintos modelos atómicos y su evolución. El átomo y su estructura se deduce del estudio de la materia, no se puede ver, sin embargo, mediante los modelos atómicos lo hacemos comprensible.

Los modelos son instrumentos habituales para contextualizar la ciencia o el arte y en muchos casos se basan en analogías. Cuando nos hallamos ante un concepto teórico o abstracto, para el cual no existen ejemplos que se puedan percibir, el recurso de utilizar objetos concretos o modelos corpóreos para generar analogías no solo facilita

---

[1] En adelante se utilizarán las siglas MD.

la transición de lo concreto a lo abstracto, sino que a la vez facilita la memorización y el recuerdo de la información, además de que permite la contextualización del objeto con el entorno.

Una idea que se alimenta de la teoría de la didáctica del objeto

El concepto de kit o MD conecta directamente con la teoría de la didáctica del objeto (Santacana y Llonch, 2012). Cuando hablamos de *kit* nos referimos a un conjunto de objetos acompañado de instrucciones para su uso o montaje. La palabra proviene del inglés y se refiere a un conjunto de objetos que cuando se unen —guiados por una serie instrucciones— adquieren todo su sentido o utilidad. Así, hay kits que hacen referencia a un conjunto de objetos, en una maleta o contenedor, que están pensados para realizar un tipo de trabajo o actividad: kits de mecánica, de primeros auxilios, de pintura, etc.

Cuando hablamos de kit didáctico, es evidente que nos referimos a un conjunto de objetos cuya función es hacer comprensible un tema al máximo número de personas de una forma eficaz y amena.

Es sabido que la didáctica del objeto tiene referentes claros en autores como Decroly o Montessori, además de otros (Álvarez, 2017). Lo más importante en este tipo de didáctica es la metodología de análisis de los objetos, que parte de la observación-descripción de estos desde todas las ópticas posibles: son importantes los materiales empleados, la morfología, las técnicas, los usos y funciones, así como los valores. Cuando el objeto lo requiere, hay que pasar a un segundo nivel, que es el de formular las diversas hipótesis y, en algunos casos, acudir a analíticas, fuentes primarias, comparaciones y analogías e incluso testigos para corroborarlas. En todo caso, en la base de esta didáctica se hallan conceptos importantes, como *inclusor* de la mente (Ausubel, Novak y Hanesian, 1983, p. 37). Un inclusor es el elemento previo que se activa para acceder a una nueva información. El inclusor ya existe en la estructura cognitiva de las personas, lo tenemos incorporado, actúa como una especie de anzuelo que permite incorporar nuevos conceptos, nueva información. Cada vez que aprendemos algo, el inclusor sirve de enlace y el concepto al que pertenece la información recibida queda modificado. En realidad, todo aprendizaje consiste en un proceso continuo de inclusiones, es decir, de crecimiento. Los objetos, por su materialidad, por su naturaleza visible, observable, incluso manipulable, actúan como inclusores. Cuando tejemos la red de inclusores en la mente, las sucesivas modificaciones introducidas progresivamente la van densificando, hasta crear un sistema de red mental cada vez más tupido. Este concepto de inclusor fue introducido por Ausubel, lo definió como las ideas relevantes que posee cualquier persona y que le permiten adquirir nueva información.

Por lo tanto, siempre se produce una interacción entre lo existente (inclusor) y aquello que incorporamos.

Los inclusores, cuando se basan en objetos, suelen someterse a un proceso de subordinación relativamente sencillo en la mayoría de las ocasiones, lo que redunda en la eficacia del aprendizaje. Gracias a los inclusores, siempre aprendemos sobre lo que sabemos.

La MD, un elemento capaz de desencadenar un proceso creativo

Los kits didácticos, en determinadas circunstancias, pueden actuar como desencadenantes de procesos creativos; en realidad, estos procesos surgen como resultado de una sucesión de ideas que conducen a veces a crear algo nuevo. Pero nadie es capaz de crear en el vacío; siempre creamos sobre algo previo; siempre tenemos ideas nuevas cuando conectamos entre sí ideas anteriores de una nueva forma. Por lo tanto, la creación en cualquier campo de conocimiento no es un proceso mágico que surge por generación espontánea; por el contrario, suele ser el resultado de acciones conscientes, en las cuales intervienen factores endógenos y exógenos. Las MD suelen actuar como factores exógenos al proporcionar ideas que pueden enlazarse entre sí. En ocasiones, el proceso creativo surge también de la necesidad de resolver problemas; las maletas o kits didácticos pueden ser una auténtica fábrica de preguntas, cuya resolución conduce a soluciones más o menos creativas a través de pasos lógicos o bien mediante enfoques informales, pero que resultan eficaces.

Lo que hay que tener muy presente en el uso de estos materiales es que toda idea nueva se fundamenta y se basa en la combinación de ideas existentes; por lo tanto, no es un plagiador quien, mediante el cruce de ideas, de objetos, de diseños o de conceptos obtiene algo diferente a los modelos de base. Muy al contrario, esto es una creación.

Cualquier proceso creativo mediante kits en el campo de las artes visuales o plásticas suele tener unas fases fáciles de determinar; el primer paso consiste en observar y manipular los elementos del kit. Después hay que plantear qué es lo que nos proponemos realizar y, en virtud de esto, hay que generar todas las alternativas posibles, desde las más conocidas a las aparentemente más absurdas.

Después habrá que valorar cuáles de las ideas barajadas son más viables o atractivas. La MD puede y ha de servir para desencadenar este proceso.

El planteamiento didáctico de los kits implica siempre un aprendizaje colaborativo; es útil para fomentar el trabajo entre todos los participantes, aprendemos poniendo en común las ideas, deduciendo juntos, buscando todas las hipótesis posibles de forma conjunta, se trata de herramientas didácticas colaborativas, en las cuales el docente actúa como conductor del grupo. En cualquier caso, su uso implica trabajar con grupos relativamente pequeños. En estas circunstancias es cuando resulta más eficaz. El kit es una buena herramienta para provocar un *feedback* entre todos los miembros del grupo.

Por otro lado, poner al alcance de públicos variados los contenidos y los elementos que almacena y expone un museo requiere a veces elementos de mediación *in situ* que complementen los mensajes de las exposiciones, que no siempre son accesibles a todo tipo de público (Armengol, 2000).

Finalmente, existe la posibilidad de que las MD se conviertan en pequeñas exposiciones itinerantes, con actividades lúdicas; en este caso la maleta estará equipada con paneles para montar la exhibición itinerante, folletos explicativos del tema, esculturas pequeñas y material didáctico para actividades recreativas.

La maleta didáctica:
definición, características y posibilidades educativas

Ana Portela Fontán

Figura 1. Grupo de MD. De izquierda a derecha y de atrás adelante: maleta «Dan Dan Dansa» (Mercat de les Flors), «ExpressArt» (MACBA), «Maleta Cívica Museos» (Ayuntamiento de Barcelona), «Art+Escola+Buit», «Art+Escola+Llum» (ACVic, Centre d'Arts Contemporànies) y «7 de Cinema» (Filmoteca de Catalunya). Fuente: Carolina Martín Piñol.

Ideas centrales

- Apuntes históricos sobre los primeros modelos de MD.
- Necesidad de consenso terminológico y de establecer una definición amplia y unificada.
- Características y posibilidades educativas de las MD.

Resumen

Parte de la tarea de este manual consiste en ofrecer y afianzar una definición de MD, aceptando y problematizando la diversidad de términos que existen en la actualidad para referirse a los artefactos móviles autónomos con finalidad didáctica.

Para abordar esta tarea, el presente capítulo recoge algunas de las definiciones, se indican las características de estos recursos y se sintetizan las potencialidades para la enseñanza-aprendizaje.

Breve historia de las MD

Entre los recursos con finalidad didáctica de los museos, podemos encontrar artefactos móviles autónomos que contienen en su interior diversos materiales, como documentos, objetos o imágenes, entre otros. Son las conocidas como MD, que cuentan con una larga tradición, pues algunas instituciones como el Reading Museum (s. f.) comenzaron a elaborarlas en el año 1911.

Otra de las propuestas pioneras son las maletas desarrolladas por el Boston Children's Museum (2019), que contó con un departamento específico para estos recursos, el Kit Department, activo entre el año 1938 y el 2010. Las primeras maletas contenían objetos, fotografías y gráficos que permitían realizar una pequeña exposición sobre un tema concreto (Turner, 2019) y manipular los diferentes elementos. Posteriormente, en torno a los años sesenta, se diseñaron las «MATCH Box, Materials and Activities for Teachers and Children», que incluían los materiales necesarios para el desarrollo de actividades de aprendizaje experiencial y por descubrimiento (Corwin, 1972).

En España, entre las primeras propuestas se encuentra la maleta «Cómo se hace una escultura» del Museo Nacional de Escultura de Valladolid, creada en el año 1983 (Fernández y Soriano, 2006). Se trata de una maleta que contenía un conjunto de elementos

Las MD del museo de historia del condado de Reading reciben el nombre de «Loan Box Activities Resource» y contienen en su interior diferentes objetos manipulables para facilitar el aprendizaje. Actualmente cuentan con más de mil maletas dirigidas a centros escolares que se prestan de forma gratuita y, en algunos casos, también se utilizan en el museo durante las visitas. Además cuentan con las denominadas «Memory Boxes», que contienen objetos, documentos o sonidos relacionados con la colección del museo, y cuyo objetivo es servir como estímulo para la memoria de las personas de la tercera edad (Reading Museum, s. f.).

para montar una exposición en el aula con la que se presenta el proceso de creación de una obra de madera policromada, cuyo objetivo consistía en «provocar una motivación encaminada al posterior conocimiento de las obras del museo y conseguir una mejor preparación, previa a la visita del mismo» (De los Ángeles y Pozo, 1986, p. 26).

También podemos mencionar las maletas «Invitación al Museo del Prado» y «Las Meninas viajeras» (Serrano, 2016) del Museo Nacional del Prado, activas entre finales de los años ochenta y principios de los dos mil, o los Kits de la Obra Social La Caixa.

¿Un contenedor de recursos educativos?

Al hablar de MD nos encontramos ante un doble desafío: la falta de consenso terminológico para hacer referencia a una misma tipología de recursos y las dificultades de abordar un término que no se encuentra claramente definido.

Así, en cuanto a la falta de consenso terminológico (Blanco y Dentone, 2018), encontramos expresiones como *maletas pedagógicas, cajas didácticas, kits* o *laboratorios portátiles,* entre otros.[1] A esto debemos de añadir que, en algunos casos, se usan términos como *proyectos* o *programas itinerantes,* sin incluir ninguna de las voces anteriormente mencionadas. Sin embargo, todos ellos hacen referencia al mismo tipo de recurso, que consiste en un contenedor móvil que guarda diversos materiales y recursos en su interior.

En segundo lugar, para atender a su definición, debemos remontarnos a la propuesta del Consejo Internacional de Museos (ICOM), pues, tras el surgimiento de un considerable número de recursos de este tipo en torno a los años setenta, se creó un equipo de trabajo con el objetivo de estudiar y ofrecer unas bases que regulasen las MD:[2]

- En el campo de los museos e instituciones culturales, el modelo de un kit es una unidad portátil adecuada para su producción en serie y disponible para su alquiler o venta.
- Esta unidad sigue objetivos especiales respecto a la instrucción y educación y es especialmente adecuada para estimular la actividad propia, individual o colectiva.
- Los elementos de la unidad se reúnen con un tema claramente definido. Se tiene especial cuidado en la integración de los diferentes elementos.

[1] Del mismo modo, en lengua inglesa se utilizan diversos términos como *Loan boxes* (Natural History Museum y Warrington Museum and Art Gallery) *Museum in a Box* (Australian Museum) o *Museum Suitcase* (Zeppelin Museum), entre otros.

[2] El ICOM utiliza el término *kits* para referirse a estos recursos.

- La elección del tema y los elementos de cada unidad es un esfuerzo cooperativo de museos, pedagogos y otros especialistas, respecto a las necesidades de los usuarios conocidos o potenciales.
- Con anterioridad a su producción en serie, cada unidad debe ser probada en relación con sus diferentes posibilidades.
- Para su almacenaje y transporte, los elementos de la unidad están empaquetados en un estuche protector, fácil de llevar, que puede utilizarse para su presentación.
- Para la adquisición, control y evaluación del uso de la unidad es necesario desarrollar un sistema adecuado (De los Ángeles y Pozo, 1986, pp. 25-26).

Así pues, movilidad y unidad son dos de las características esenciales.

Respecto a la movilidad, en la misma línea, Armengol (2000) define las MD[3] como un recurso elaborado por los departamentos educativos de los museos dirigido a las escuelas, es decir, exclusivamente para el público escolar de educación formal. También indica que estas suelen ofrecerse como un servicio de préstamo por parte de museos o empresas y que contienen diferentes tipos de materiales que permiten trabajar contenidos procedimentales y conceptuales. Asimismo, Lavado (2005) entiende también las MD como un recurso que se utiliza fuera del museo y señala la relación entre estos artefactos y una posible intención de captar nuevos públicos, especialmente por el carácter motivacional de estos elementos.

Sin embargo, encontramos modelos de MD que se utilizan en el museo. Al respecto, cabe señalar la distinción propuesta por Serrat (2005). La autora diferencia entre las «maletas y kits didácticos» y los «flips móviles». En el primer caso, indica que se trata de contenedores en los que se incluyen materiales audiovisuales, reproducciones, cuentos o herramientas para ser utilizados tanto en el museo como en el aula. Los «flips móviles» son los artefactos móviles diseñados para ser utilizados en el museo, en el marco de una exposición cuyo «diseño responde a una demanda de mayores recursos de intermediación para hacer comprensibles elementos y piezas de determinados museos y monumentos» (p. 198).

Por otra parte, Coma y Santacana (2010), tras analizar diversas propuestas de educación patrimonial, proponen una modelización del «modelo kit móvil», entendido como «cajas de recursos didácticos que pueden adoptar fórmulas diversas, desde "maletas didácticas" a auténticos carromatos y "laboratorios móviles"» (p. 96). Entre sus características señalan que se trata de un artefacto móvil, de diversos formatos, que contiene elementos variados en su interior que pueden ser utilizados en cualquier

---

[3] La autora hace uso de los términos *maleta didáctica* y *maleta pedagógica* como sinónimos a lo largo de su trabajo para referirse a estos artefactos.

espacio en el que se lleve a cabo la actividad didáctica y que, de forma mayoritaria, requieren de interactividad.

La segunda característica esencial es el concepto de unidad, ya que permite abordar un tema concreto. Así Fernández y Soriano (2006) definen las MD[4] como «unidades didácticas portátiles». Para ello, deben incluir en su interior objetos y materiales variados en cuanto a soporte preparados para su manipulación, y destacan la experimentación a través de los sentidos como una de las posibilidades de estos recursos. Al respecto, Montenegro (2011) también indica que este tipo de artefactos tienen en común ciertos rasgos: «la agilidad de información, mayor accesibilidad a las colecciones y albergan la posibilidad de ser prestados materiales seleccionados de los fondos, así como réplicas de originales a los centros educativos» (p. 175).

Características y potencialidades de las MD

Sin discutir la validez de las definiciones presentadas, es necesario ofrecer una que permita un consenso. Se necesita determinar, por tanto, de qué hablamos cuando hacemos uso del término MD.

Para dar respuesta a esta necesidad, podemos preguntarnos qué características tiene una MD. De manera sintetizada podemos indicar siete centrales:

- Portabilidad. Son recursos que se pueden desplazar, por lo tanto, móviles. De forma regular incluyen algún tipo de sistema que permite que sean transportados por personas. Por este motivo, se sugiere el uso del término *maleta* y no *kit*, ya que el primero hace alusión a esta característica.
- Contenedor. Guardan en su interior diversos recursos y materiales para el desarrollo de actividades. La tipología de estos estará determinada por los objetivos que se pretendan alcanzar, pero generalmente tienen una función motivadora; facilitan y transmiten contenidos y son flexibles para adaptarse a las necesidades e intereses de los usuarios.
- Unidad. Los recursos y materiales que se incluyen en una MD tienen en común que permiten abordar un tema específico con la finalidad de coadyuvar a la consecución de unos objetivos.
- Autonomía. Estos artefactos deben poder ser utilizados por cualquier persona, por lo que, con frecuencia, incluyen unas pautas, un dosier o guía didáctica que permita su uso y ofrecen una propuesta de secuencia de actividades.

---

[4] Los autores utilizan el término *maleta pedagógica*, pero indican que existe una nomenclatura amplia, como *kits* o *museo en la maleta*, para referirse a este tipo de recursos didácticos móviles.

Asimismo, como su finalidad es educativa, debe detallar, como mínimo, los objetivos, los contenidos y la metodología.

- Secuencia formativa de duración media-larga. Aunque podamos encontrar ejemplos de maletas para el desarrollo de una única actividad, de forma más frecuente presentan una secuencia de actividades para desarrollar en un periodo de duración medio-largo.
- Diversidad de formatos. A pesar de que el término *maleta* puede evocar inicialmente, por su definición, una caja provista de un asa o de otro sistema que facilite su transporte, es preciso matizar que bajo el término MD se engloban contenedores con formas muy diferentes como baúles, mochilas o carros, entre otros (véase el capítulo 10 de este volumen).
- Dirigidas a diversos públicos. Aunque las MD han estado desde el inicio dirigidas a la educación formal, es preciso matizar que estos recursos se pueden dirigir a todo tipo de públicos.

Presentadas las características principales, es necesario hacer referencia a la flexibilidad de estos recursos. Así pues, en ocasiones, las educadoras y los educadores hacen uso de diversos recursos durante la visita guiada al museo para facilitar la mediación. Como se ha mencionado, una MD incluye diversos recursos y materiales educativos, por lo que algunos de estos se pueden utilizar también durante la visita. Es el caso de las «Loan Box Activities Resource» del Reading Museum, que se ceden en préstamo para trabajar fuera del museo y se utilizan también durante las visitas guiadas, o la «Tournée Educativa» de la artista Joana Vasconcelos, que se utiliza en escuelas para llevar a cabo un proyecto educativo y en museos en los que se exponen sus obras. A modo de síntesis, podemos definir la md como un artefacto móvil y autónomo con finalidad didáctica que contiene en su interior diversos recursos educativos agrupados bajo un mismo concepto que permiten abordar un tema concreto y la consecución de unos objetivos previamente establecidos.

Asimismo las MD, que se diseñan con la finalidad de estimular el interés, presentan una serie de potencialidades didácticas que les confieren un alto interés educativo, entre las que podemos destacar las siguientes:

- Aprendizaje experiencial. Frecuentemente incluyen materiales para llevar a cabo actividades para un aprendizaje experiencial (Kolb, 1984/2015), lo que propicia un aprendizaje significativo. Asimismo, muchas de las MD incluyen réplicas u objetos para manipular, lo que permite un aprendizaje multisensorial.
- Carácter lúdico. La tipología de materiales, las actividades que se proponen, así como el propio formato pueden favorecer la motivación y la implicación de los participantes.

- Agilidad de información y posibilidad de adaptación. La MD presenta de manera organizada una secuencia de actividades y tiene un diseño cómodo para la estructura de las mismas.

- Flexibilidad espacial. Estos recursos pueden ser utilizados por diferentes personas y grupos y en cualquier contexto geográfico. El formato permite que estas actividades se lleven a cabo en diferentes espacios y lleguen a un público amplio, más allá de los límites del museo.

- Flexibilidad temporal. Durante el periodo de tiempo de acceso a la MD, se puede hacer uso de forma autónoma, sin necesidad de estar sujeto a una secuencia o temporalización fija.

- Presentar otros fondos del museo. Ofrece la posibilidad de presentar, prestar y trabajar con otros fondos del museo, como pueden ser réplicas de obras de la colección que no están expuestas o reproducciones del archivo gráfico o documental.

Maletas didácticas
para la enseñanza y el aprendizaje del arte

Carolina Martín-Piñol

Figura 2. Interior de «ExpressArt», MACBA. Fuente: Carolina Martín Piñol.

Ideas centrales

- Referentes de obras artísticas para el diseño de MD.
- Antecedentes nacionales e internacionales de las maletas para la enseñanza-aprendizaje del arte.
- MD para trabajar los conceptos artísticos.

Resumen

Las MD son una herramienta eficaz para la enseñanza del arte aún desconocida para un gran número de docentes de expresión artística. En estos contextos se tiende a la creación por la creación y a la búsqueda incesante de producto final, olvidando el conocimiento previo de modelos, obras, artistas, colecciones…, pero es, al fin y al cabo, a través de su análisis, su interpretación y reflexión como se fundamenta dicho proceso creativo. Así, las MD en relación con el arte actúan como detonantes creativos, al acercar a los destinatarios a conceptos, obras o artistas.

Algunos antecedentes artísticos

Para fundamentar los orígenes de las MD relacionadas con la enseñanza del arte, creemos necesario hacer referencia a algunos antecedentes artísticos que, a modo de pequeños museos móviles, se convierten en precedentes formales de las MD.

Este es el caso de las cajas de Marcel Duchamp, especialmente la llamada *Boîte-en-valise,* que fue concebida como un museo portátil con las reproducciones en versión reducida más relevantes del artista. La *Boîte-en-valise* cuenta con 69 reproducciones del artista y existen diversas series de ella, fechadas en los años cuarenta del siglo XX. Por otro lado, también cabe destacar la obra creada en 1934, *La Boîte verte,* una caja de cartón forrado de seda verde que contiene un conjunto de 94 facsímiles de fotografías, dibujos y notas de los años 1911-1915 sobre la elaboración de *El gran vidrio.*

También es imprescindible mencionar a Herber Distel, quien en la década de los setenta creó *Museum of Drawers,* un modelo estético cuya estela influirá en la disposición interior de diversas MD de las propuestas actuales. La obra se realizó en un mueble que originariamente contenía carretes de hilo y que se estructura en veinticinco cajones, divididos interiormente en cinco columnas y cinco filas, creando veinticinco compartimentos de idéntico tamaño en cada cajón. Estos 625 pequeños espacios de forma cuadrada conservan en su interior obras originales de artistas de los años sesenta y setenta del siglo XX. Pertenecientes a distintos movimientos, los artistas, entre los que se encuentran Picasso, Duchamp, John Cage o Lily Greenham, hicieron donaciones de sus pequeñas piezas a Distel convirtiendo esta obra en un museo.

Otro ejemplo que destaca es la *Galerie Légitime,* obra de Robert Filliou, miembro del grupo Fluxus, que sigue la estela de la propuesta de Duchamp. Se trata de un sombrero cuyo interior contiene obras en miniatura de su propia autoría y de otros artistas a modo de galería portable. Tal como indica Portela (2021): «La pieza adoptaría formas distintas a lo largo de los años, inicialmente como gorra, posteriormente como bombín y por último como sombrero de copa transparente» (p. 122).

Figura 3. Reproducción de la *Boîte-en-valise.* Fuente: Carolina Martín Piñol.

Dos precedentes destacables de ámbito internacional y nacional

En el contexto internacional cabe destacar como influencia directa la propuesta del Musée en Herbe en la expansión de las MD como herramienta para la enseñanza del arte. Se trata de un museo que cuenta con más de cincuenta años de tradición e innumerables exposiciones de temática artística a sus espaldas. Situado en las afueras de París, es un espacio referente basado en exposiciones concebidas para la infancia, que a lo largo de décadas se presentaron con una escenografía interactiva, didáctica y lúdica en formato de grandes maletas para trabajar el arte. De hecho, en palabras de su directora Sylvie Girardet (1999), «la visita al Musée en Herbe no es, por tanto, un fin en sí mismo, sino un medio para motivar a los más pequeños, para despertar su curiosidad» (p. 35).

Sus exposiciones con temas diversos se centran en propuestas que van desde trabajar conceptos artísticos visuales y plásticos amplios hasta figuras de artistas concretos como Matisse («Quel artiste ce Matisse!»), Picasso («Les tableaux de Pablo») o Chagall («Chagall et ses toiles»). La propuesta trata los temas artísticos de forma inmersiva y lúdica a través de metodologías basadas en la observación e identificación:

Figura 4. Interior del Musée en Herbe durante la exposición «Quel artiste ce Matisse!».
Fuente: Carolina Martín Piñol.

Figura 5. Interior del Musée en Herbe durante la exposición «Les tableaux de Pablo».
Fuente: Carolina Martín Piñol.

[…] mirar no es suficiente, para apropiarse de un lugar y de los objetos que se exponen a la mirada, los niños tienen necesidad de moverse, de sentir, de tocar. Es una tendencia natural que se puede controlar y canalizar mediante la presentación de algunos instrumentos manipulables […]. Delante de un simple espejo se puede hacer que los niños imiten a las bailarinas de Matisse, las bañistas de Picasso o el modelo de andar de un gorila. Algunos accesorios, joyas, pieles, sílex, pañuelos para el cuello, y he ahí transformados a los niños en indios americanos, hombres de Neandhertal o la Mona Lisa (Giradet, 1999, p. 38).

En el ámbito nacional no queremos dejar de mencionar otro de los modelos que influyó directamente en las propuestas de MD relacionadas con conceptos artísticos. Nos referimos a la maleta «Visca el Color», creada por la Obra Social de La Caixa en el año 1987, en el contexto de una serie de maletas que se denominaban «Les Caixes de La Caixa» (Cirera, 2019, p. 249). Esta propuesta, inspirada a su vez en las maletas itinerantes del Pompidou, se ofrecía a las escuelas para que los maestros pudieran trabajar con el recurso a través de distintas asignaturas. En palabras de Cirera (2019):

«Visca el color!» va ser la maleta pionera de «La Caixa a les escoles» que va viatjar als centres escolars. També va ser l'única que es va fer vinculada a les arts plàstiques (p. 241).

Introducción a los modelos para el aprendizaje del arte

Cuando hablamos de arte, a menudo lo asociamos a la concepción clásica de las Bellas Artes, reordenadas en seis: la arquitectura, la escultura, la pintura, la música (que incluía el teatro), la declamación y la danza, a las que se incorpora finalmente el cine en el siglo XX. En este capítulo mostramos una taxonomía y clasificación de modelos de MD con algunos ejemplos para la enseñanza del arte, para lo cual tenemos en cuenta tanto propuestas relacionadas con el mundo de lo visual y lo plástico como propuestas de conceptos artísticos transversales que aúnan lo plástico con lo musical, la danza y lo fílmico.

Así, nuestra propuesta se centra en cinco grandes conceptos para su catalogación, teniendo en cuenta que en ocasiones hemos clasificado las maletas bajo uno de sus conceptos principales, pero su contenido abarca de forma más amplia dos o más de los epígrafes.

Colección

Esta tipología se refiere a aquellas maletas que su temática principal se basa en una colección, sea de un solo artista o de diversos. Se suele trabajar una estrategia metodológica en profundidad, aunque se pueden seguir diversas vías a través de comparación o analogía y poder evidenciar, por ejemplo, el devenir de una carrera artística en concreto con sus distintas etapas.

Ejemplo de esta categoría sería «ExpressArt», una propuesta del Museu d'Art Contemporani de Barcelona (en adelante MACBA), que tiene dos formatos, uno para primaria y otro para infantil. La propuesta, que se erige como una de las más conocidas entre el mundo escolar, es una puerta abierta para trabajar el arte actual, una introducción al lenguaje plástico contemporáneo y a su vocabulario.

Otro caso que destaca dentro de este modelo sería el «Colaboratorio Fluxus» o «El increíble colaboratorio de la familia Fluxus», que Portela (2021) define como un recurso móvil dirigido al alumnado de primaria y primer ciclo de secundaria para acerar, a través de propuestas experimentales, el arte contemporáneo a través del movimiento Fluxus y de las colecciones del Museo Vostell Malpartida.

Movimiento, tema o género

Incluimos aquí aquellas maletas que se centran en un concepto que toma prestada la nomenclatura de la Historia del Arte. Nos referimos a aquellas que centran su interés en un movimiento artístico, una etapa, un ismo o que su *leitmotiv* es el tema o el género.

Si nos centramos en el ámbito plástico podríamos hablar de las clasificaciones en etapas (gótico, renacimiento...) o de género (retrato, bodegón, paisaje...). Igualmente se puede aplicar a la música o al séptimo arte, nos referimos a aquellas propuestas que tienen relación con los géneros musicales (clásica, contemporánea, popular urbana...) o fílmicos (terror, comedia...). Este tipo de propuestas normalmente trabajan el contexto histórico en el que surgió el movimiento y es habitual que dialoguen entre distintas expresiones artísticas.

Para ilustrar este modelo es idónea la maleta «7 de Cinema», creada por la Filmoteca de Catalunya, que se concibe como una herramienta para trabajar distintos aspectos del cine en el aula. Pensada para estudiantes de ESO y Bachillerato, trata básicamente de tres grandes temas: los géneros cinematográficos, los oficios del cine y los soportes fílmicos.

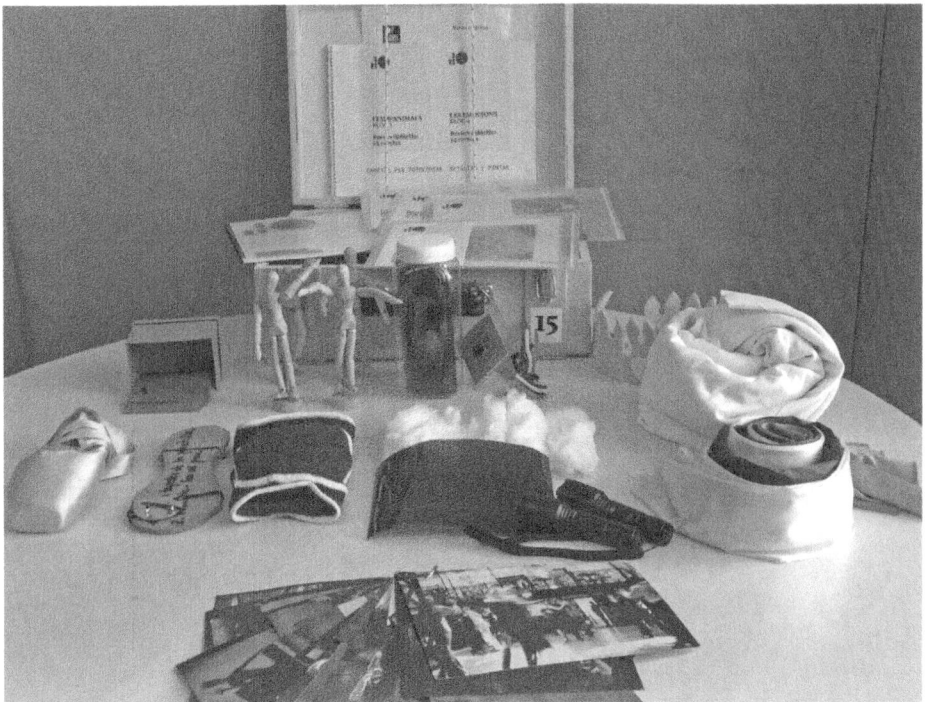

Figura 6. MD «Dan Dan Dansa», Mercat de les Flors. Fuente: Carolina Martín Piñol.

Técnica o proceso creativo artístico

Esta tipología se basa en aquellas maletas que se centran tanto en el proceso creativo de un artista como en la técnica utilizada por el mismo. Se trata de dirigir el interés en el proceso previo a la obra, en su construcción. Como ejemplo, citamos la MD que trabaja la danza «Dan Dan Dansa», del Mercat de les Flors, que se estructura en tres grandes conceptos: cuerpo, espacio y composición. La propuesta trabaja el lenguaje de la danza y el movimiento y toca temas como el coreógrafo.

Si hacemos referencia a técnicas podemos ver propuestas como la MD «Pintores góticos» de Schola Didáctica Activa, que nos acerca a la técnica utilizada en el periodo gótico, a través de fuentes primarias, modelos, materiales…, para realizar retablos y frontales de altar. Otra MD que ejemplifica esta categoría es «La maleta de Picasso», que trata de la figura del artista y del fondo del Museo Picasso. Se presenta en tres cajas de aprendizaje basadas en el juego, la reflexión y el descubrimiento, que tienen como objetivo generar experiencias sensoriales para un alumnado de tres a catorce años.

Figura 7. MD «La Maleta de Picasso», Museo Picasso. Fuente: @MICOstudio.

Lenguaje artístico

Este modelo se refiere a aquellas maletas cuyo interés principal es el lenguaje artístico; si nos centramos en el lenguaje plástico nos referimos a las que tratan aspectos como la forma (figurativa-abstracta, geometría…), el color (primarios, secundarios…), el volumen, etc. También pueden hacer referencia a elementos y conceptos de la imagen y de su composición (punto, línea, perspectiva…). Estas mismas ideas se pueden trabajar con respecto al lenguaje fílmico (encuadre, gama cromática…) o musical (ritmo, composición…).

Este es el caso de diversas propuestas de maletas procedentes del Centro de Artes Contemporáneas de Vic, en adelante ACVic. Desde su departamento didáctico se han gestado propuestas muy eficaces para promover la presencia del arte en la escuela como «ARTE + ESCUELA + LUZ». Sus objetos ofrecen la posibilidad de jugar con las luces y las sombras, la síntesis de colores, crear ambientes, filtrar la luz, generar reflejos, etc.

En la misma línea, ACVic creó la MD «ARTE + ESCUELA + VACÍO», pensada para desarrollar actividades educativas en torno al concepto del vacío, algo que no podemos tocar ni ver. Trabajar con un concepto abstracto aboca a una reflexión a los usuarios. Tal como sus creadores proponen en la presentación de la maleta:

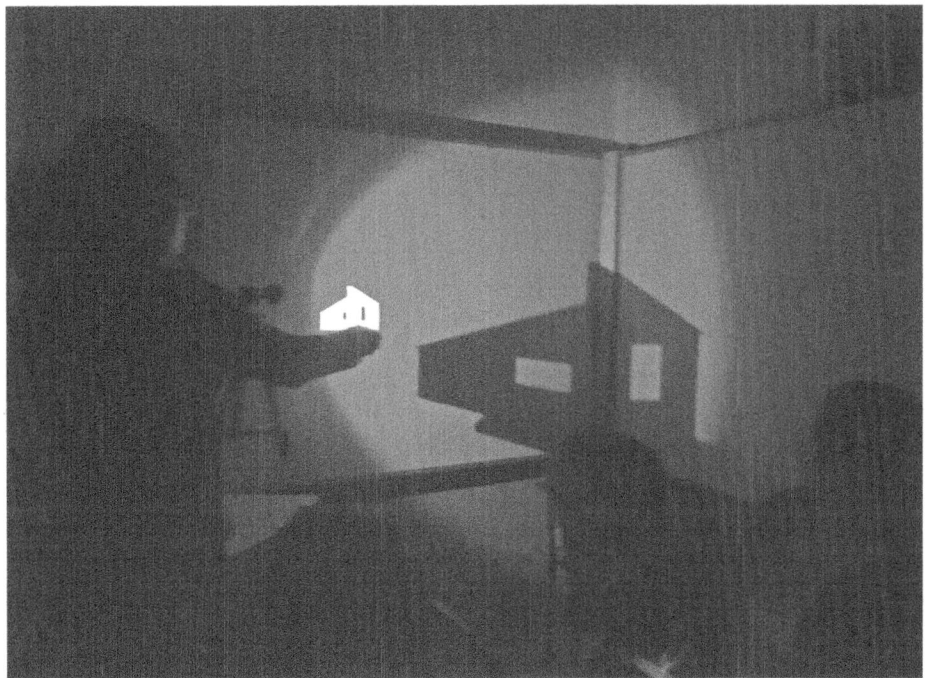

Figura 8. MD «ARTE + ESCUELA + LUZ». Fuente: Carolina Martín Piñol.

[…] [es la] posibilidad de llenar, de hacer, de actuar […], el cuadro en blanco, la habitación desocupada, el silencio, la oscuridad, el agujero […], los moldes, los negativos fotográficos, el plano vacío, una huella, un edificio abandonado, lo que desechamos, lo que borramos […]. Y la reflexión también ha derivado en espacios más intangibles. Los vacíos interiores, las pérdidas y los olvidos (Folleto de presentación extraído de web ACVic).

Es decir, la ausencia se convierte en contenido.

Otros modelos

Hemos creado este epígrafe a modo de cajón de sastre para aquellos modelos que no tienen cabida en las propuestas anteriores. Sería este el caso, por ejemplo, de la «Maleta Cívica de los Museos» del Ayuntamiento de Barcelona, en la que se tratan temas transversales relacionados con este equipamiento cultural, o modelos como la «Big Valise» del Museo Nacional Thyssen-Bornemisza, que presenta una maleta viajera que es una obra de arte en proceso en sí misma, en la que se potencia la colaboración entre territorios. También la propuesta de Acaso y Megías promovida por la Fundación Telefónica en la que plantean los «EduKits».

Maletas didácticas para la enseñanza y el aprendizaje de la historia y la arqueología

Clara López-Basanta
Tània Martínez-Gil

Figura 9. Maleta didáctica del proyecto *La ciencia que no se aprende en la Red*. Fuente: DHiGeCs.

Ideas centrales del capítulo

- Enseñar y aprender historia mediante el método científico.
- Enseñar y aprender historia a partir de fuentes primarias.
- Las MD como contenedores de fuentes históricas.
- Las MD como recurso interactivo para aplicar métodos y procedimientos.

Resumen

El presente capítulo se articula en torno a la creencia de una enseñanza-aprendizaje de la historia mediante el método histórico, en donde los procedimientos —el cómo— toman especial protagonismo frente a los conceptos —el qué—. Este postulado sitúa a las fuentes primarias en el centro de la acción educativa, por lo que su tratamiento analítico definirá la hoja de ruta en el diseño y conceptualización de recursos tan versátiles como son las MD.

Enseñar y aprender historia: métodos y fuentes como base de la interactividad

Como se ha expuesto en capítulos precedentes, las MD son un recurso versátil con infinidad de posibilidades donde el límite lo marcan la creatividad y, obviamente, los recursos económicos. Entendidos como recursos educativos que pivotan entre la didáctica lúdica, la didáctica del objeto y la interactividad, ofrecen a los educadores una fórmula eficaz de involucrar a sus usuarios en la construcción del conocimiento de una forma activa y protagonista. Un enfoque metodológico que se acerca a los postulados de la pedagogía activa impulsada por el movimiento de renovación pedagógica de la mano de maestros como Montessori, Dewey y Freinet, que hoy, un siglo más tarde, siguen vigentes. La historia, al igual que el resto de ciencias y disciplinas, puede ser abordada mediante las MD, como recurso que nos permite transmitir conceptos y procedimientos, partiendo siempre de unos objetivos iniciales.

Prats y Santacana (2011a) defienden que toda enseñanza de la historia debería partir de cuatro objetivos esenciales: 1) comprender los hechos ocurridos en el pasado y saber situarlos en su contexto; 2) comprender que en el análisis del pasado hay muchos puntos de vista diferentes; 3) comprender que hay formas muy diversas de adquirir, obtener y evaluar informaciones sobre el pasado, y 4) ser capaces de transmitir de forma organizada lo que sobre el pasado se ha estudiado o se ha obtenido. Para alcanzar dichos objetivos debemos alejarnos del modelo tradicional de enseñanza-aprendizaje de la historia, tanto en la aplicación de metodologías pasivas y memorísticas como en la tendencia a la enseñanza de acontecimientos, fechas y personajes. Es necesario enseñar a comprender la historia para poder articular una explicación sobre por qué ocurrieron las cosas de una determinada manera, siendo conscientes, a su vez, de la dificultad de presentar la historia de forma objetiva. Ello nos conduce directamente al uso del método histórico, pues implica aprender a *cómo podemos saber lo que ocurrió* y no solo saber *qué ocurrió*; un hecho cuestionado desde el ámbito científico-social pero no desde el ámbito científico-experimental, donde sí se emplean los métodos y fórmulas para la obtención del conocimiento.

Esta línea educativa ya fue teorizada y validada por el School Council Project History 13-16 en la década de los setenta y los ochenta y por sus análogos en el ámbito nacional del Grupo de innovación educativa 13-16 en la década de los ochenta y los noventa, reforzando a través de sus materiales didácticos un aprendizaje de la historia mediante el propio método del historiador y las características de la disciplina, no con el objetivo de crear futuros historiadores, sino con la finalidad de desarrollar competencias procedimentales entre el alumnado (Sallés y Santacana, 2016). Obviamente, ello no sería posible sin partir de las fuentes históricas como base para la construcción de materiales educativos, pues al igual que el historiador utiliza las distintas fuentes en la investigación del pasado, una metodología que prima el desarrollo del pensamiento histórico debe fundamentarse en el análisis de las mismas. En resumen, el uso de fuentes históricas y, por ende, de metodologías procedimentales en la didáctica de la historia favorece la observación, el razonamiento y la capacidad de deducción y explicación (Egea y Arias, 2018). Y todos estos principios deberían ser el abecé en la conceptualización y diseño de la MD en historia y arqueología. A continuación, presentamos diferentes combinatorias para crear MD donde las distintas fuentes primarias son las protagonistas.

Las fuentes escritas y las MD

Las fuentes textuales engloban todos aquellos documentos donde la escritura es utilizada para transmitir la información. Los soportes empleados a lo largo de la historia para escribir han sido muy variados, y también lo ha sido su tipología: documentos administrativos, correspondencia privada, memorias, crónicas, periódicos… Un ejemplo de MD que emplea mayoritariamente fuentes escritas es la MD «MACOSA», de l'Arxiu Municipal del Districte de Sant Martí de Barcelona, que a partir de la documentación conservada en diferentes archivos permite abordar la historia de la fábrica y, por extensión, la de la industrialización de Cataluña. También pueden aparecer en conjunto con otras tipologías de fuentes, como en la MD «La caja de la abuela María» que ofrece el Centro de Recursos Pedagógicos Específicos de Soporte a la Innovación y la Investigación Educativa de Barcelona. En ella, el objetivo es analizar diferentes tipos de fuentes para reconstruir la biografía del personaje, entre las que se incluyen libros escolares, correspondencia o documentación personal que, junto a fotografías y objetos, permiten abordar la historia de Cataluña durante el siglo XX.

Figura 10. MD de John Allpress en Imperial War Museum.
Fuente: Tània Martínez Gil.

Las fuentes materiales y las MD

Dentro de las fuentes materiales encontramos todos aquellos elementos realizados sobre un soporte material, que son tangibles y que, por tanto, pueden ser percibidos a través del tacto. Este tipo de fuente incluye una gran variedad de elementos, que van desde la arquitectura y los restos arqueológicos hasta los objetos y artefactos (Prats y Santacana, 2011b). Las dimensiones, los materiales o las formas de este tipo de fuente pueden ser, pues, muy diversas: desde monedas hasta fábricas enteras pasando por máquinas de coser o indumentaria. En el contexto de las MD, dentro de la variada tipología que ofrece la cultura material, los objetos son los más adecuados debido a su tamaño y manejabilidad.

En esta línea enmarcamos la propuesta del Imperial War Museum con el diseño de «La maleta de John Allpress». La familia Allpress legó al museo gran cantidad de material —parte ha sido digitalizada, otra ha sido expuesta— y es especialmente relevante la creación de una MD con los objetos pertenecientes al pequeño John. La temática del museo, aunque importante, es compleja para públicos infantiles, y la maleta se convierte en el punto de partida para visitar el museo. Dentro de esta MD, se agrupan distintos objetos cotidianos de la vida de un niño, como algunos juguetes, tres piezas de ropa, un libro juvenil, el bolso para ir a la escuela, elementos para escribir, la bolsa de la comida, etc. Cada uno de estos objetos, mediante su observación y análisis, nos ayuda a configurar la vida de los más pequeños en el contexto de la Segunda Guerra Mundial, propiciando procesos de empatía histórica tan importantes en la comprensión del pasado.

Figura 11. MD «La màgia de l'animació».
Fuente: Museu del Cinema de Girona y Filmoteca de Catalunya.

Las fuentes visuales y las MD

Las fuentes visuales son aquellas que recurren a la imagen, independientemente del soporte en el cual estén realizadas. Dentro de este tipo de fuentes podemos encontrar imágenes estáticas, como pueden ser pinturas, dibujos, esculturas o fotografías, y también animadas o cinéticas, como documentales o producciones cinematográficas (Feliu y Hernàndez, 2011). En algunos casos, las fuentes visuales pueden ser consideradas obras de arte, aunque en este capítulo le daremos un tratamiento aparte, entendiendo que el arte presenta unas particularidades especiales.

Fotografías, dibujos o ilustraciones pueden ser objeto de estudio en sí mismas como en la MD «Moneta Legionis» del Museo de León, que traza un recorrido histórico de la moneda desde Roma hasta el siglo XIX atendiendo, entre otras cuestiones, a su iconografía. Otras veces, las MD se centran en el proceso de creación de este tipo de fuentes, como por ejemplo la MD «La magia de la animación» del Museo del Cinema de Girona, que a través de la reproducción de diversos inventos, como el zoótropo o el praxinoscopio, facilitan la experimentación de las primeras secuencias de imágenes animadas. Desde la perspectiva del historiador también nos permite conocer el contexto de la aparición del cine.

Las fuentes orales y las MD

Las personas almacenamos experiencias y recuerdos que, recabados mediante entrevistas y cuestionarios, contrastados con otras tipologías de fuentes, son de gran importancia para el estudio de la historia reciente. Se trata de una fuente constituida por el testimonio oral de personas que fueron testigos directos de determinados acontecimientos o periodos.

La singularidad de las fuentes orales es que «apelamos a la memoria de las personas para recabar información» (Hernàndez, 2007, p. 117), lo que hace que estas deban ser traspasadas a soportes textuales o audiovisuales para ser incluidas en una MD. Es el ejemplo de la MD del «Consejo de sabios» del Museu d'Història de Catalunya, que nos acerca a la guerra civil española y a la posterior dictadura franquista a partir de la experiencia y el testimonio de diferentes personas que vivieron durante esta etapa; lo que nos permite abordar la historia en primera persona a través de sus protagonistas.

Las fuentes artísticas y las MD

El capítulo que nos precede ha abordado, precisamente, las MD y el aprendizaje del arte, por lo que nuestro enfoque será complementario, así, solo añadiremos algunos apuntes vinculando las MD con el aprendizaje de la historia a través de las fuentes artísticas, entendidas como «aquellas que tienen la intencionalidad de provocar algún sentimiento, ensalzar personajes o ser objeto de culto» (Prats, 2011a, p. 12) y que pueden ser analizadas desde un punto de vista artístico y también histórico. A través de este análisis podemos adentrarnos en la forma de entender y de ver el mundo de las sociedades del pasado, así como obtener información sobre sus formas de vida, a modo de instantánea del pasado.

Las fuentes artísticas, igual que las visuales, pueden aparecer junto con otras fuentes para trabajar determinados periodos históricos. También pueden ser las protagonistas de una MD, como vemos en «Los Primeros Artistas» del Museu Arqueològic d'Eivissa i Formentera, que trabaja el arte prehistórico rupestre poniendo en práctica las técnicas y los materiales utilizados para su creación. La MD incluye reproducciones de diferentes estatuillas prehistóricas y utensilios para pintar —pinceles y recipientes, también minerales a partir de los cuales se fabricaban los pigmentos—, así como plantillas para reproducir motivos de la pintura rupestre.

Figura 12. MD para analizar restos óseos de una excavación. Fuente: DHiGeCS.

Las fuentes arqueológicas y las MD

Los restos arqueológicos los encontramos bajo el subsuelo, aunque en algunas disciplinas como la arqueología industrial estos se encuentran en la superficie. Son muy variados en cuanto a tipología y dimensiones; así, encontramos desde ciudades enteras con su urbanismo y sus construcciones hasta pequeños objetos, a veces descontextualizados y fragmentados. En cualquier caso, a veces los restos arqueológicos constituyen la única forma de conocer ciertas sociedades del pasado, ya que no ha llegado hasta nosotros ningún otro tipo de evidencia.

Justamente, dentro de la tipología de las MD históricas, la arqueología es la que está más presente, por lo que encontramos abundantes propuestas dentro del ámbito nacional e internacional, maletines de la prehistoria o de la historia antigua, con réplicas de utensilios y objetos variados que nos ayudan a contextualizar el periodo. La arqueología también nos permite ahondar en los métodos y procedimientos de la disciplina (Santacana y otros, 2017). Desde esta perspectiva, el equipo investigador del proyecto *La ciencia que no se aprende en la Red*, liderado por el Dr. Joan Santacana, creó un conjunto de once MD que permiten analizar la estratigrafía de un yacimiento protohistórico, construir y observar curvas de nivel y coordenadas UTM de un territorio, analizar huesos humanos y animales, estudiar carbonos, fundir metales, examinar aleaciones, etc.

Figura 13. MD para conocer la cultura material y sus usos en la prehistoria. Fuente: DHiGeCS.

No olvidemos la evaluación

En muchas ocasiones, cuando estamos delante de un material «distinto» o no habitual en el ámbito educativo no pensamos en la necesidad de evaluarlo, y ello es un error, pues perdemos la oportunidad de conocer la profundidad real del recurso. Las MD proporcionan a los usuarios todo tipo de contenidos y aplicación de procedimientos históricos, con lo que diseñar su evaluación debería formar parte del diseño global del material. Obviamente, la evaluación dependerá directamente de los objetivos que nos planteemos en su creación, pues deberíamos garantizar que la finalidad que nos ha llevado a crear la MD sea alcanzado. Mediante técnicas cualitativas o cuantitativas podemos conocer tanto el grado de aprendizaje como la aplicación de técnicas de análisis y ahondar así en aspectos tan esenciales en el ámbito social como son la causalidad, el desarrollo del pensamiento crítico o la detección de cambios y continuidades en el tiempo, entre otros.

Maletas didácticas del Museu de Matemàtiques de Catalunya[1] para la enseñanza y el aprendizaje de las ciencias y las matemáticas

Guido Ramellini

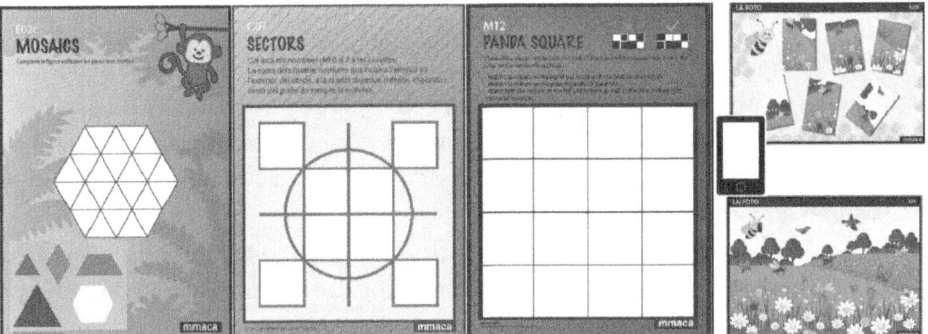

Figura 14. Ejemplos de tableros de las cinco MD del MMACA: m4, mp y mk. Fuente: MMACA.

Ideas centrales

- Las MD del MMACA permiten montar exposiciones en las escuelas.
- Los módulos son la esencia de la educación no formal.
- Son materiales adaptables al aula.

Resumen

El proyecto de las MD del Museo de las Matemáticas de Cataluña quiere llevar a los colegios los resultados positivos experimentados en sus exposiciones: motivación, manipulación del material, construcción de conceptos, reflexión y diálogo entre estudiantes. Estas MD permiten montar rápidamente una exposición en las escuelas,

[1] MMACA.

adaptada a la edad de los alumnos, manteniendo así la característica esencial del lenguaje del museo: los módulos. Se eligió un formato que permitiera transformarlos, de forma sencilla y económica, en materiales para su uso en el aula o en el laboratorio. La guía didáctica que acompaña el material sugiere posibles conexiones curriculares y el enriquecimiento de la experiencia.

Las maletas de ciencias experimentales

Empezando mi carrera de profesor de ciencias en la escuela secundaria, me encontré con unos armarios con materiales para montar pequeños experimentos de física. Unos pocos docentes montábamos experimentos, pero el alumnado solo observaba y tomaba apuntes. Algunos —menos— ofrecíamos un esquema para enseñarles a escribir una relación científica estándar.

Seguía siendo un triste sucedáneo por la falta de laboratorios, que aún perdura, tanto en la escuela como en la universidad, como ya apuntaban Levi y Regge (1987) al decir que las facultades científicas producen profesores y no científicos. En las Escuelas Industriales y ahora en las de Formación Profesional hay talleres, pero se usan para aprender a ejecutar y no a investigar.

El problema de formar investigadores tiene un alcance más amplio e internacional, si creemos en lo que afirman Falk y Dierking (2010): la escuela no es el lugar donde la mayoría de los ciudadanos de Estados Unidos han aprendido lo que sabe sobre ciencia.

Últimamente, han aparecido iniciativas interesantes, desde la óptica del trabajo por proyectos y la evaluación competencial: kits de educación ambiental o aparatos para la energía fotovoltaica y la robótica.

Una mayor atención a la didáctica por parte de las universidades y de los museos ayuda a consolidar los proyectos STEM y STEAM[2] o Tinkering. Obviamente, necesitan reconocimiento profesional y social para que se difundan en todas las etapas educativas, empezando por los programas escolares y universitarios y siguiendo por los modelos de evaluación final y la formación del profesorado.

Las maletas matemáticas

Existe una línea pedagógica, iniciada por el material de Montessori, para que «las matemáticas entren por las manos». Continuaríamos con el modelo Decroly, basado

---

[2] STEM: *Science, Technology, Engeneery and Mathematics*; STEAM: añadiendo *Arte*.

Figura 15. Omnipoliedro de Puig Adam, en la versión del MMACA. Fuente: MMACA.

en el uso didáctico del material del entorno cotidiano; las vivencias de Salvador Puig Adam en España y el Congreso CIEAEM de Madrid (1956), y su encuentro con Emma Castelnuovo y Caleb Gattegno. Si Puig Adam nos muestra su omnipoliedro gigante hecho de hojas de periódico, Castelnuovo realiza decenas de experimentos con estudiantes doceañeros con materiales pobres e ideas profundas (Castelnuovo, 1972). Algunas de estas ideas se fraguaron en carpetas didácticas interactivas de geometría dinámica hechas con materiales simples y baratos, pero ingeniosos.

En el Gabinet de Materials i de Recerca per a la Matemàtica a l'Escola (GAMAR)[3] de María Antonia Canals se recogen actividades para formar al profesorado. Son materiales fáciles de llevar al aula, de realizar con el alumnado a partir de edades tempranas, para estimular la creatividad, construir conceptos e involucrar a todo estudiante para hacer que las matemáticas dejen de ser un elemento de selección.

De estos ejemplos se nutre la innovación de los currículos de matemáticas, tanto en el ámbito internacional (como el NCTM en EE. UU.) como en el español, gracias especialmente a la Federación de Sociedades del Profesorado de Matemáticas (FESPM), activa en todas las comunidades autónomas. La FESPM promovió las iniciativas para celebrar el Año Internacional de las Matemáticas (2000), que se concretaron en unas

---

[3] El GAMAR es un espacio de reflexión y de práctica en torno a la enseñanza de las matemáticas en la escuela en las etapas infantil, primaria, y primer ciclo de secundaria.

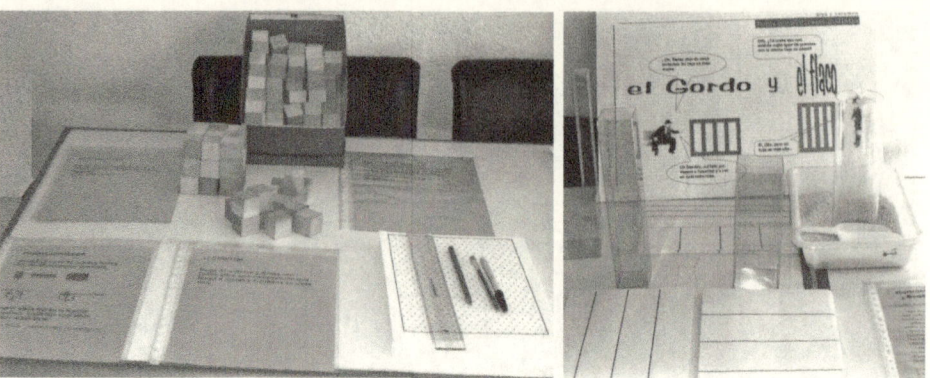

Figuras 16 y 17. Materiales de la exposición «2000 piezas matemáticas». Fuente: Guido Ramellini.

exposiciones en casi todas las autonomías que se dejaron a las escuelas para hacer actividades basadas en cálculo, geometría, etc.

Estas exposiciones nos hicieron tomar conciencia de la poca matemática que ofrecen los museos de ciencia y tecnología. Pequeñas obras maestras, como los poliedros del Museum füer Mineralien und Mathematik, Oberwolfach (MiMa), o históricos instrumentos de cálculo llenaban algunos escaparates, pero se limitaban a generar una observación pasiva.

La experiencia del Año Internacional de las Matemáticas promovió otras iniciativas. En Andalucía, un grupo de docentes de la Universidad de Granada montó la empresa Proyecto Sur, que diseñó unos materiales didácticos individuales o reagrupados en baúles por etapa escolar y contenidos. Unas comunidades las distribuyeron en los institutos cuyo departamento de matemáticas atendía una formación. Más tarde, extendieron la oferta a las escuelas primarias, lo que mejoró su impacto.

En Cataluña, la experiencia de Grup Zero y las licencias de estudio de Anton Aubanell, Josep Rey y Pura Fornals sirvieron para que, con el apoyo de la FEEM-CAT (Fedreació d'Entitats per a l'Ensenyament de les Matemàtiques a Catalunya), a principios de 2005, se formara un grupo de trabajo que generó la Asociación para la Promoción y Creación de un Museo de la Matemática en Catalunya (MMACA), en la que participaron las diversas sociedades de profesores, la Sociedad Catalana de Matemáticas y algunas universidades.

La primera exposición temporal del MMACA se montó en Alella, en noviembre de 2007, para la Semana de la Ciencia. Desde entonces, al ritmo de dos o tres cada año, las exposiciones itinerantes del MMACA han viajado por toda Cataluña e incluso fuera. En 2014 se inauguró la exposición permanente en el Palau Mercader de Cornellà de Llobregat y fue otro cambio determinante. En 2019 el MMACA ofreció sus actividades (exposición, talleres y yincanas en el parque) a más de cien mil personas, la mayoría estudiantes.

La exposición permanente abrió las puertas a colaboraciones locales e internacionales, además de incrementar la investigación del MMACA sobre las relaciones entre la educación formal y no formal, al tiempo que se iba conformando la idea museográfica, basada en material manipulativo y actividades libres, que cada alumno escogía entre la oferta de más de cien módulos, para construir sus propios conceptos matemáticos.

En las exposiciones, jóvenes educadores formados en el MMACA acompañaban, no guiaban, no contestaban las preguntas, sino que orientaban para mejorarlas y descubrir las soluciones. La comunicación con los materiales, los educadores y especialmente entre las personas que coincidían alrededor de un módulo constituye el elemento clave de la propuesta y el sustrato para que se realicen las tres acciones fundamentales: manipulación (*hands-on*), emoción (*heart-on*) y conceptualización (*mind-on*).

Las maletas de MMACA y el proyecto *Leonardome*

En el ámbito de las colaboraciones internacionales,[4] las jornadas organizadas por parte de Imaginary en Berlín —en julio de 2016— ofrecieron la ocasión para conocer a Rinus Roefols, a los compañeros de AIMS y su proyecto *The Next Einstein*, cuyo objetivo era fomentar las vocaciones científicas entre los jóvenes africanos. Rinus, escultor y matemático, había trabajado en el redescubrimiento de unas cúpulas que Leonardo esbozó en las páginas 899 y 890 de su *Codex Atlanticus*. Su investigación coincidía con la de Enric Brasó. Comprobado su valor didáctico, se empezó a ofrecer el taller *Leonardome*[5] entre las actividades que se podían realizar en el parque de Can Mercader o en los patios de escuelas, bibliotecas, centros culturales, etc.

Como todos los productos del MMACA, las cajas con las piezas grandes (50 o 260 piezas) o las cajitas para uso taller (50 piezas de PVC) o familiar (36 piezas de madera ligera) están acompañadas de una guía didáctica con los once principales modelos de cúpulas que se pueden realizar. Esta actividad se realiza ahora tanto en las facultades de arquitectura de varias universidades como en escuelas primarias, demostrando su valor inclusivo y la posibilidad de adaptación a la edad de los participantes.

La primera colaboración con Imaginary se realizó con ocasión de su exposición en la Capella de Santa Àgata en Barcelona (2012). Los organizadores nos pidieron poner unos módulos manipulativos para acompañar su oferta de actividades virtuales (*virtual hands-on*).

---

[4] <https://www.mathematikum.de/>; <https://momath.org/>; <https://www.fermat-science.com/>; <http://web.math.unifi.it/archimede/>; <https://www.mathsworlduk.com/>; <https://www.wit.ie/>; <https://www.ms.u-tokyo.ac.jp/models_e/history_e.html>.

[5] Disponible en línea en <http://www.leonardome.com/es/>.

Figura 18. Modelos de cúpulas. Fuente: Guido Ramellini.

El proyecto *The Next Einstein* originó nuestra investigación sobre las maletas didácticas y coincidió con la inauguración de dos nuevas salas en el Palau Mercader, destinadas a actividades para estudiantes de 6-10 años. Las maletas respondieron a la solicitud del profesorado de la escuela primaria que venía a la exposición y nos pedía materiales para seguir trabajando del mismo modo en la escuela. Así pudimos volcar en la escuela lo que habían aprendido de la educación no formal.

Al empezar la experiencia del MMACA se tuvo que seleccionar, entre las actividades manipulativas experimentadas en las aulas, las que se podían eficazmente transformar en módulos. El lenguaje museográfico[6] imponía que los módulos tuvieran una considerable competencia comunicativa. Su diseño motivador (dimensiones, colores, materiales, etc.) es necesario para que el usuario, con el mínimo de instrucciones y de intervención por parte de los educadores, se disponga a hacer las actividades sugeridas. Los retos de distinta dificultad, pero inclusivos, para estimular a todos los participantes requieren tiempos de resolución relativamente breves, motivan el diálogo con otros usuarios y mueven a construir conceptos matemáticos personales.

[6] Disponible en línea en <https://www.ellenguajemuseografico.org/leer-on-line/>.

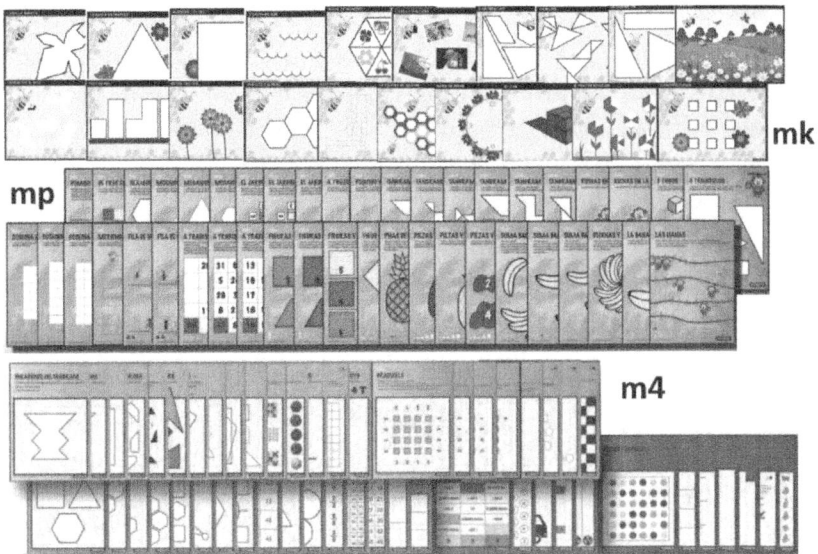

Figura 19. Los tableros de las MD mk: escuela infantil, mp: 1.º-4.º EP y m4: 5. ºEP-4.ºESO.
Fuente: MMACA.

Quizás parte de la originalidad de la propuesta se deba a las limitaciones presupuestarias que el MMACA ha tenido desde el primer momento. Aprovechando los diferentes perfiles profesionales y habilidades de sus socios, más del 90 % de los módulos están diseñados y construidos «en casa».

Para la selección de los materiales que se incluyen en las maletas se siguen los siguientes criterios:

- Ser apto para montar rápidamente una exposición en las escuelas (*pop-up exhibition*). Una propuesta educativa lanzada desde un museo debe mantener la principal característica de su lenguaje: los módulos expositivos.
- Proporcionar veinte módulos no secuenciales para ser accesible a todo un grupo escolar que trabaje por parejas o grupos reducidos en un espacio adecuado.
- Tener un formato compatible con las aulas: tableros de Din A3 y Din A4 para las de secundaria y Din A3 (con fichas de mayor dimensión) para las maletas de primaria (formato que se mantuvo para la maleta de infantil).
- Dotarlos de un diseño atractivo y cercano al gusto de los usuarios.
- Construidas con un material resistente y ligero (PVC).
- Deben ser fácilmente reproducibles con materiales económicos, si el profesor quiere transformarlos para usarlos en talleres o para el aula.
- Proponer actividades competenciales, coherentes con el cambio de paradigma educativo que se está gestando.

- Estimular otras actividades (más guiadas, pautadas y de carácter curricular) para profundizar en la construcción de los conceptos matemáticos, enriquecer las actividades con investigaciones interdisciplinarias y fortalecer las habilidades instrumentales. Para esto, toda maleta debe estar acompañada de una guía didáctica destinada al profesorado, para que pueda sacar todo el provecho educativo de la experiencia.
- Crear tableros y guías didácticas digitales para poder ser descargados gratuitamente de la página web del MMACA, si alguien quiere construir su propio material.

MD	Etapa/curso	Temas	Contenido de la MD	
M4.01	5.°EP-4.° ESO	Geometría y juegos de estrategia	26 módulos Din A3-Din A4	Guía con 30 actividades
M4.02	5.°EP-4.° ESO	Cálculo, estadística, miscelánea	25 módulos Din A3-Din A4	Guía con 30 actividades
Mp.01	1.°EP-4.°EP	Geometría y juegos de estrategia	21 módulos Din A3	Guía con 20 actividades
Mp.02	1.°EP-4.°EP	Cálculo y juegos de estrategia	23 módulos Din A3	Guía con 20 actividades
Mk	Educación Infantil	Numeración, ed. espacial, geometría	20 módulos Din A3	Guía

Tabla 1. Esquema del contenido de las MD del MMACA. Disponibles en catalán, castellano e inglés.[7] Fuente: elaboración propia.

La complicidad con el profesorado y el puente con la educación formal representan los elementos innovadores y significativos de las maletas, que son diferentes, pero complementarias a lo que la educación formal propone y genera. Por ejemplo, el equipo del Cesire-Creamat, grupo de innovación pedagógica del Departament d'Educació de la Generalitat, ha realizado en el 2019 sus MD para escuela prima-

---

[7] Los materiales de las maletas han sido presentados en inglés en diferentes foros y conferencias; han sido adquiridas por el Momath de New York y el Goethe Institut alemán para sedes en Nueva Zelanda, Vietnam, Liberia, Tanzania; en castellano, han sido también presentadas en varias ediciones de las Jornadas sobre el Aprendizaje y la Enseñanza de las Matemáticas (JAEM) y adquiridas por el Julia Robinson Maths Festival de Texas. Han suscitado interés en ferias de las matemáticas y en la formación del profesorado. Se han usado en un formado reducido para los proyectos STEMCat y NIM del Departament d'Educació y han inspirado las maletas de los citados Proyectos Erasmus+, en formato tangible y virtual.

ria y secundaria. Son una colección de materiales básicos para trabajar de manera manipulativa en las aulas: Tangram, geoplanos, multilink, mecano... A través de unos vídeos se muestra cómo dirigir actividades que coinciden en gran medida con las que el MMACA también aconseja para el aula en sus guías didácticas.

El proceso educativo sigue siendo una construcción compleja de muy diferentes experiencias que cada actor interpreta a su manera, en función de sus exigencias y convencimientos. Bien gestionadas, estas distintas visiones representan una riqueza y no generan conflictos.

Maletas didácticas en los campos y entornos de aprendizaje del Departament d'Educació de la Generalitat de Catalunya

Antoni Bardavio Novi
Sònia Mañé Orozco
Xavier Tort Bisbal

Figura 20. Objetos utilizados en los laboratorios de la MD del soldado republicano del CdA de la Noguera. Fuente: CdA de la Noguera.

Ideas centrales

- Definición de los campos y entornos de aprendizaje (CdA/EdA).
- Principios metodológicos, organización y propuestas didácticas.
- Ejemplos de MD de distintos CdA.

Resumen

Los campos y entornos de aprendizaje son servicios educativos de soporte curricular del Departament d'Educació de la Generalitat de Catalunya que desarrollan sus actividades en espacios singulares, desde el punto de vista natural o histórico. Entre sus propuestas educativas, encontramos la cesión de MD a centros escolares. Estas permiten trasladar los elementos educativos, tanto epistemológicos como metodológicos, específicos de cada uno de ellos a escuelas e institutos. Esta cesión se encuentra enmarcada en lo que se denomina «Proyectos compartidos con centros educativos».

Qué son los campos y entornos de aprendizaje. Principios metodológicos, organización y propuestas didácticas

Los campos y entornos de aprendizaje (CdA/EdA) son servicios educativos de apoyo curricular del Departament d'Educación de la Generalitat de Catalunya que ofrecen actividades educativas innovadoras, que pueden ser de un solo día o de dos a cinco días. Estas actividades, que promueven la consolidación de los aprendizajes competenciales del alumnado, se construyen como secuencias didácticas de la escuela o instituto que quiere trabajar aspectos curriculares vinculados a cada campo o entorno y están relacionadas con el proyecto educativo de cada centro. Metodológicamente desarrollan un aprendizaje por descubrimiento guiado e investigación escolar en entornos reales, prolongando el currículum fuera de las aulas, en laboratorios vivenciales que promueven el descubrimiento y aplicación de conocimientos vinculados a las áreas de ciencias naturales, ciencias sociales o música, de manera transversal.

Sus propuestas están orientadas a alumnado de educación infantil, primaria, secundaria, formación profesional y bachillerato.

La participación en estas actividades requiere tres fases:

Momento 1: comunicación con los centros. ¿Cómo podemos profundizar en el aprendizaje de competencias de sus estudiantes?

Momento 2: implementación de la estancia en el campo y el entorno de aprendizaje. ¿Cómo adaptamos la estancia al grado de motivación y habilidades de los estudiantes?

Momento 3: evaluación de impacto y propuestas de mejora. ¿Se han cumplido los objetivos de aprendizaje planteados?

La red de campos y entornos de aprendizaje está compuesta por veinte centros que tienen como objetivos promover actividades educativas innovadoras en espacios naturales e históricos relevantes del territorio catalán, participar en la formación inicial y permanente del profesorado y participar en la investigación de aquellos temas clave que vertebran cada uno de ellos.

MD en campos de aprendizaje

Algunos CdA tienen recursos educativos que o bien pueden ser usados por los docentes del servicio educativo en los centros que lo solicitan, o bien pueden cederse a escuelas o institutos para que sean sus propios docentes quienes los utilicen. Aunque no todos los denominan MD, todos tienen en común que son recursos que proponen actividades coherentes con los principios educativos, metodológicos y conceptuales desarrollados en el CdA, para llevarlas a cabo en los propios centros. A continuación, se presentará de forma breve algunos de los recursos de seis CdA: l'Alt Berguedà, Bages, Ciutat de Tarragona, Pau Casals, les Valls d'Àneu i la Noguera.

El CdA de l'Alt Berguedà (en Guardiola de Berguedà) desarrolla sus actividades didácticas en espacios naturales de la comarca y pone a disposición de los centros educativos de primaria y secundaria MD en préstamo para desarrollar actividades de campo. Una de ellas es la «Maleta del *río*», que consta de una lupa binocular, lupas de mano, microscopio, cubre y portaobjetos, fichas y clave dicotómica de identificación de macroinvertebrados, herbario del bosque de ribera, salabre y maqueta del río que permite reconocer los procesos geológicos. La «Maleta del bosque» contiene un herbario, un bestiario, una caja de rastros, una barrena de Pressler, un luxómetro y una regla de Christen; la «Maleta del Pedraforca» contiene una maqueta que explica la formación geológica de esta montaña. Otras maletas son la «Maleta del Románico», la «Caja Huerto» y la «Maleta del alquimista».

En segundo lugar, el CdA del Bages se encuentra en la ciudad de Manresa, en un ambiente humanizado. Por ello, sus actividades didácticas tienen como objetivo dar a conocer y promover hábitos para minimizar el impacto de las personas en el medioambiente, especialmente en la gestión de los recursos geológicos, hídricos y de los residuos. Ofrece una serie de materiales en préstamo a centros docentes en relación con actividades físicas para educación primaria y secundaria, que denominan *kits, cajas de práctica* o *equipos en préstamo*, según su naturaleza. Los kits son cajas que contienen material para realizar una práctica muy específica. Los profesores prueban el material y pueden construir los kits en su centro. Se ofrecen el kit de movimiento rectilíneo, el de electricidad, el de campo y potencial eléctrico, el de electricidad y magnetismo, el de campo magnético de la Tierra y el óptico. Por otra parte, las cajas de práctica contienen material para una práctica demostrativa. Por lo general, es material no común en los centros, ya que solo se utiliza puntualmente y cuenta con cajas

Figura 21. Contenido del baúl de los juegos romanos.
Fuente: CdA Ciutat de Tarragona.

de equipos electrostáticos, tubo Kunt, equipo de espectroscopia y equipo láser. Por último, los equipos en préstamo son dispositivos que pueden ser útiles para llevar a cabo ciertas prácticas o trabajos de investigación: multímetros digitales, generador de funciones y osciloscopio.

Por otra parte, el CdA Ciutat de Tarragona facilita el descubrimiento y estudio de un entorno urbano, centrado en esta población histórica y su territorio, a través de propuestas de trabajo interdisciplinarias que ayudan a entender la ciudad desde el conocimiento de todos los elementos que la componen y que conforman su realidad actual, especialmente su pasado. Dispone de materiales de préstamo para alumnado de primaria y secundaria denominados «Baúles llenos de Historia». Por ejemplo, «Roma de moda» presenta diversos materiales textiles (seda, algodón, fieltro, lana, lino, cuero…), hilos tintados de diferentes colores (marrón, ocre, amarillo, púrpura, rojo, azafrán, azul marino y naranja brillante), los armarios masculinos de un esclavo, un senador, un caballero y un ciudadano romano, los armarios femeninos característicos de una esclava y una patricia y diversos accesorios, como amuletos, pendientes, placa de esclava, anillos, pulseras, agujas de pelo (acus), etc. Por otro lado, «Del huevo a la manzana» ofrece material para los juegos «El precio de los alimentos» y «El menú», que consiste en una bolsa de cuero con monedas romanas de diferentes

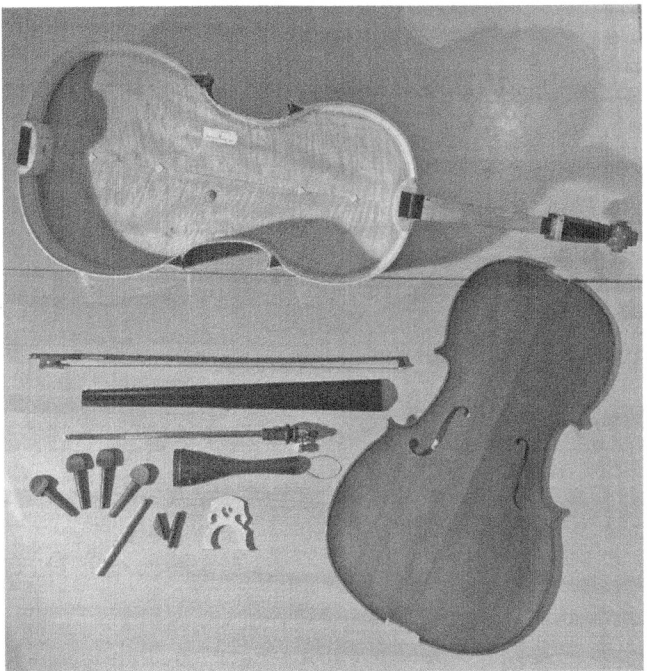

Figura 22. Detalle del violonchelo desmontado.
Fuente: imagen del CdA Pau Casals.

valores, una bolsa con 38 tarjetas con el nombre de la comida y su precio correspondiente. También contiene una carpeta con 21 láminas plastificadas de representaciones artísticas (pinturas y mosaicos de la época) con referencias a productos alimentarios. Además hay cuatro cestas con diferentes alimentos habituales en la dieta romana (verduras, frutas, especias, hierbas aromáticas, legumbres, carnes y pescados). También cuenta con «Los juegos romanos»: un baúl de mimbre que permite conocer 40 juegos diferentes de época romana, con diversos materiales organizados en bolsas, un aro, un palo guía de este, dos cañas gruesas y dos zancos. En su interior hay una copia del libro *Jugamos como jugaban las niñas y los niños de Tarraco* editado por el CdA, que incluye la descripción, reglas y algunas curiosidades de cada uno de los juegos contenidos en este material. Por último, podemos mencionar el «Baúl de descubrimiento», que contiene diversas reproducciones de objetos e instrumentos habituales en el día a día de la Antigua Roma para ilustrar la infancia, higiene, los juguetes, la escuela o los rituales.

El CdA Pau Casals (Comarruga) facilita educativamente el descubrimiento del entorno natural, histórico y sobre todo musical del Baix Penedès, centrándose en contenidos de educación musical y patrimonio. Entre los recursos que ofrece, se encuentra una maleta de cesión a los centros denominada «Descubre el violonchelo».

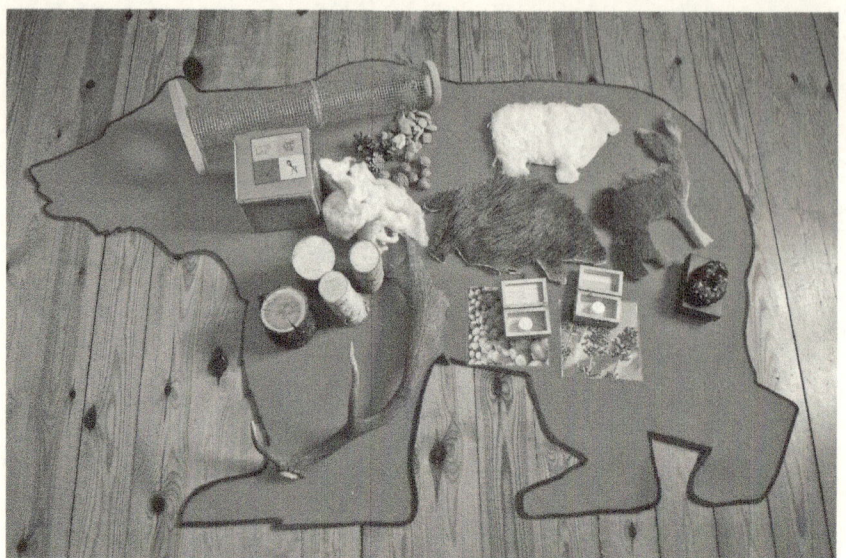

Figura 23. Materiales de la «Maleta Piroslife». Fuente: cda de les Valls d'Àneu.

Esta actividad está asociada al área artística y más específicamente a la de la música. Está dirigida a educación primaria y secundaria. El violonchelo era el instrumento de Pau Casals, aquel con el que se sentía plenamente identificado. Conocer algunas de sus peculiaridades, identificar el timbre y disfrutar de su sonido en directo son algunos de los conocimientos que los alumnos adquieren con esta actividad. Esta se ofrece a todos los niveles de escuelas e institutos: un violonchelo desmontable con el que durante una semana podrán trabajar con los alumnos las diferentes piezas que lo componen, su construcción y los materiales que lo forman. Se proporciona a los docentes el guion y también el apoyo visual al proyecto con el fin de acompañar el desarrollo de la actividad en el aula.

El cda de les Valls d'Àneu (Esterri d'Àneu, Pallars Sobirà), en un entorno montañoso de alto valor natural y paisajístico, realiza actividades con el objetivo de dar a conocer el patrimonio natural y cultural de la zona. Participa en el proyecto *PirosLIFE*, que tiene como objetivo consolidar el futuro del oso pardo en los Pirineos en un marco de diálogo y colaboración con personas, entidades e instituciones. La sección educativa del proyecto tiene como objetivo promover en los estudiantes el espíritu crítico y la sensibilidad en relación con la naturaleza. Tiene una propuesta contextualizada en los valles pirenaicos, estructurada en cuatro áreas principales de trabajo (el oso pardo, el hábitat pirenaico, el espacio compartido, la cultura y el patrimonio), que consta de dos maletas: una para educación infantil y ciclo inicial de primaria y otra para ciclos medio y superior. La propuesta se estructura en cuatro ámbitos destinados a enseñar/aprender una selección de conceptos, procedimientos y valores que se consideran útiles para promover la transición a una sociedad más consciente de su patrimonio natural y social. A continuación, se presenta brevemente cada una de ellas con las respectivas actividades que se proponen para su implementación.

Por último, el CdA de la Noguera (Sant Llorenç de Montgai, la Noguera) desarrolla actividades vinculadas a la arqueología y el patrimonio histórico, con el objetivo de acercar al alumnado a las sociedades del pasado (especialmente dos momentos: prehistoria y Guerra Civil) mediante la interpretación de fuentes materiales. Este CdA tiene dos MD a disposición de los centros educativos que las soliciten: «Trencatòpics de la prehistòria» y «Para no morir en el olvido. Recuperemos la memoria democrática». La primera MD («Rompetópicos de la prehistoria») se dirige a estudiantes de ciclos medio y superior de primaria. Los tópicos que la colectividad asume como incontestables son a menudo clichés de las interpretaciones de los hechos o acontecimientos históricos que, de tanto repetirlos, se mantienen como cuestiones asumidas e inalterables. Referidos a la prehistoria, hay una falsa concepción de esta como una etapa anquilosada, con pocos cambios. También hay una consideración de los tiempos prehistóricos, y su gente, como tecnológicamente atrasados. Esta visión ha trascendido al lenguaje coloquial; algo *prehistórico* a menudo define una cosa caduca y negativa. En contraposición, la imagen de la prehistoria que quiere comunicarse en esta MD pretende favorecer la comprensión del mundo actual. La maleta está estructurada en siete preguntas basadas en tópicos en torno a las imágenes previas que los estudiantes pueden tener:

¿Crees que dinosaurios y humanos vivieron en la misma época?
¿Crees que los primeros humanos eran «monos»?
¿Los humanos siempre hemos tenido la misma apariencia?
¿Hubo cambios importantes en la prehistoria?
¿Eran «salvajes» las personas de la prehistoria?
Qué opinas de esta afirmación: «Los hombres cazaban y las mujeres solo cuidaban de los niños y el hogar»
¿Crees que las herramientas de la prehistoria eran sencillas y no muy diversas?

Esta maleta se complementa con diversas reproducciones de herramientas de la prehistoria para facilitar la respuesta a la última pregunta.

Cómo se piensa y desarrolla una MD en un campo de aprendizaje

La segunda maleta desarrollada por el CdA de la Noguera, «Para no morir en el olvido. Recuperemos la memoria democrática», está dirigida a alumnado de bachillerato. La decisión de desarrollar esta propuesta didáctica se basa en la percepción sobre la dificultad habitual de realizar salidas didácticas con alumnado de bachillerato, excesivamente presionado desde las diferentes materias ante la perspectiva de las Pruebas de Acceso a la Universidad (PAU). Esta evidencia llevó a los docentes del CdA de la Noguera a diseñar este recurso didáctico que se caracteriza por dar a conocer la Guerra Civil a los institutos.

La maleta tiene como eje central la excavación simulada en la que se hallan los restos de un soldado republicano muerto en una trinchera. Se sitúa el hallazgo y se contextualiza en los acontecimientos de la Guerra Civil en la población del instituto donde se lleva a cabo la actividad. Esta consta de tres laboratorios en los que los estudiantes van participando de manera rotatoria en grupos de diez alumnos como máximo en cada uno. Las fuentes utilizadas son reales, no reproducciones.

- «Laboratorio de excavación de restos humanos», con una serie de elementos que llevaba el soldado (en el estado que se encuentran en un yacimiento arqueológico) que proporcionan información sobre su vida en el frente y su vida personal.
- «Laboratorio: la mochila del ejército y la lata de recuerdos». En la mochila hay objetos que permiten interpretar la vida del soldado en el frente. La lata contiene objetos de la época que guardó la familia del soldado a su muerte, con los que se puede recrear cómo era su vida antes a la guerra.
- «Laboratorio de clasificación de fuentes» de distinta naturaleza, vinculadas a la contienda militar: fotografías, noticias de prensa, folletos propagandísticos, mapas topográficos, monedas, postales, etc., utilizados por ambos bandos durante la Guerra Civil. Se reflexiona sobre simbolismo e ideología, diferentes puntos de vista sobre el mismo hecho histórico y el papel de la mujer durante la Guerra Civil.

Esta MD promueve en los estudiantes la adquisición de herramientas cognitivas e interpretativas para entender el conflicto de la Guerra Civil, permitiéndoles dar opiniones críticas frente a los conflictos de la historia reciente y haciéndoles conscientes de cómo el pasado ha condicionado el presente, gracias a la búsqueda de las raíces históricas de los problemas.

La funcionalidad del aprendizaje permite aplicar los conocimientos en diferentes situaciones y contextos haciendo que los propios estudiantes generen estrategias para aprender desarrollando habilidades de pensamiento crítico, gestión de la información, comunicación y trabajo cooperativo que dan lugar al razonamiento que les posibilita ir más allá poniendo en valor un modelo personal activo en la construcción de una sociedad democrática, solidaria y tolerante.

Maletas didácticas y escuela: entre el préstamo y la propia creación vinculada a las bibliotecas y museos escolares

Nayra Llonch-Molina
Verónica Parisi-Moreno
Moisés Selfa Sastre

Figura 24. Contenido de la maleta del proyecto común de lectura *Las mil y una noches*.
Fuente: Centre de Recursos Pedagògics del Segrià.

Ideas principales

- Las MD que se emplean en los centros educativos pueden ser de creación externa o interna.
- Las MD de uso escolar tienen orígenes muy variados y suelen cubrir temáticas y áreas de conocimiento muy diversas.

- Las bibliotecas escolares y las maestras bibliotecarias son generadoras de MD que fomentan la lectura y alfabetización escrita, gráfica y literaria.
- Los museos escolares son cruciales para el desarrollo de MD multialfabetizadoras que incluyan objetos como fuentes de información.

Resumen

El catálogo de MD al que tienen acceso los centros educativos va en aumento y cubre un amplio espectro de tipologías, temáticas, objetivos de aprendizaje, niveles educativos, etc. Resulta más difícil encontrar MD realizadas por los propios centros educativos y que respondan a sus necesidades, inquietudes o realidades específicas. El museo escolar y sus responsables podrían ayudar en la creación de MD propias que fomenten la transdisciplinariedad, la multialfabetización y la interacción, entre otros aspectos.

MD y educación reglada

Como ya se ha visto, los usuarios potenciales por excelencia de las MD es el alumnado de los centros educativos. Museos, CdA y otras instituciones públicas, además de empresas, generan MD para uso educativo. Por tanto, las escuelas suelen ser receptoras de MD.

Así, muchas de las MD que se trabajan dentro de las escuelas llegan a ellas en forma de préstamo,[1] aunque también pueden ser compradas.

Existe otra modalidad de MD que no procede del exterior de los centros educativos, sino que son creadas por ellos a partir de sus necesidades concretas. En este capítulo, nos ocuparemos tanto de las MD externas como de las internas o de creación propia, a las que hemos denominado «MD DIY» («Do It Yourself», es decir, hechas por una misma).

Basta con echar un vistazo en Google para encontrar numerosos ejemplos de MD y percatarnos de la importancia y diversidad del recurso. Son menos las publicaciones científicas sobre el tema, que lo abordan de manera parcial: falta, sin duda, un trabajo de análisis exhaustivo y global sobre MD y educación reglada. En este breve capítulo nos planteamos exponer algunos ejemplos y proponer ideas de creación de MD desde los centros educativos.

---

[1] El préstamo puede ser de pago o gratuito y la duración suele oscilar de un par de semanas a un par de meses.

MD externas a la escuela

¿QUÉ APORTAN LAS MD EXTERNAS?

Los centros de educación obligatoria tienen cada vez más tareas encomendadas. En consecuencia, se reduce el tiempo de dedicación a la tarea fundamental de programación didáctica y diseño de actividades, por lo que cualquier propuesta que la facilite es bienvenida. Por ello, las MD externas tienen una alta aceptación: su conceptualización, diseño y creación de actividades no queda en manos del profesorado. Además, poseen el valor añadido de haber sido diseñadas con el rigor propio del conocimiento de especialistas en la temática que abordan.

¿QUIÉN LAS DISEÑA?[2]

Cuando analizamos MD que encontramos a través de internet o de publicaciones científicas, nos percatamos de que la gran mayoría están concebidas y diseñadas por grupos de investigación (Santacana y otros, 2018); alumnado o profesorado universitario (Seixas y Fernandes, 2012); museos (ampliamente tratados en capítulos anteriores); bibliotecas (Biblioteca Pública Pedro Laín Entralgo, s. f.); otras instituciones públicas (Filmoteca de Catalunya, s. f.); servicios asociados a la administración pública como CdA (contemplados en el capítulo anterior) o Centros de Recursos Pedagógicos (CRP);[3] asociaciones educativas (Manekenek, 2017); empresas privadas (véanse en la web disponible en línea en <http://www.materialeduc.net/webcast.html>); ONG (Agermanament sense Fronteres, s. f.); centros de estudios (CERAI, 2020), etc. En definitiva, suele tratarse de MD gestadas por agentes externos a las escuelas, de manera que los centros educativos tienen un papel pasivo de meros receptores. Es cierto que algunas de estas MD se crean consultando a profesionales de centros educativos o, incluso, se testan en las aulas, pero no dejan de ser productos externos que suelen responder a necesidades y objetivos generales y no a planteamientos específicos de un centro, ni están creados *ad hoc* ajustándose a la realidad de una escuela o grupo-clase concretos.

[2] Hacemos referencia sobre todo a la conceptualización y diseño, y no tanto a la producción, que puede ser llevada a cabo por empresas especializadas.
[3] Son servicios educativos que dependen del Departament d'Ensenyament de la Generalitat de Catalunya y fueron creados para dar soporte a los centros educativos, tienen un papel importante tanto en la creación como en la difusión y gestión de préstamos de MD.

¿Qué temáticas o ámbitos abordan?

Sin entrar en el diseño concreto y contenidos específicos de las MD existentes, es oportuno apuntar algunas de las temáticas que abordan. Los ejemplos encontrados dan cuenta de la gran variedad y transversalidad de disciplinas vinculadas a las MD, principal característica de estas MD externas: cualquier temática que se quiera trabajar en el aula podría hacerse con alguna de las MD existentes en territorio nacional. En la siguiente tabla aportamos ejemplos:

TÍTULO	INSTITUCIÓN	TEMÁTICAS	NIVEL EDUCATIVO
El derecho de asilo. Todas las personas podemos ser refugiadas	CEA(R) Comissió Cataluna d'Ajuda al Refugiat	- Derechos humanos	Primaria Secundaria
Historias fotográficas. Maleta pedagógica	Asociación A Bao A Qu y Arxiu Fotogràfic de Barcelona	- Fotografía - Historia - Patrimonio	Primaria Secundaria
Maleta Dan Dan Dansa	El Mercat de les Flors	- Expresión corporal - Danza - Artes escénicas	Infantil Primaria
MD Mujeres científicas	Diputación de Albacete	- Mujeres científicas - Vocación científica - Género	Primaria
MD Mare Nostrum	Port de Tarragona	- La contaminación del agua - La eutrofización - El cambio climático	Primaria Secundaria
Maleta feminista para trabajar los ODS	Pandora Mirabilia Género y Comunicación. S. Coop. Mad	- ODS - Género	Secundaria
Maleta literaria: cuentos para un planeta	CEIDA. Centro de Extensión Universitaria y Divulgación Ambiental de Galicia	- Lectura - Naturaleza	Primaria Secundaria
Maleta pedagógica coeducativa	Servei Educatiu del Vallès Occidental VIII	- Coeducación	Infantil Primaria Secundaria
Maleta pedagógica De l'Hort a casa	Obra Social La Caixa i la Generalitat de Catalunya	- Huerto escolar ecológico	Primaria
MMI-Maletín pedagógico: Mimi y la Jirafa azul	Nexe Fundació	- Diferencia y discapacidad	Infantil Primaria

Tabla 2. Algunos ejemplos de MD para ser utilizadas en las aulas escolares y que han sido creadas en los últimos cinco años. Fuente: elaboración propia a partir de la información de las páginas web.

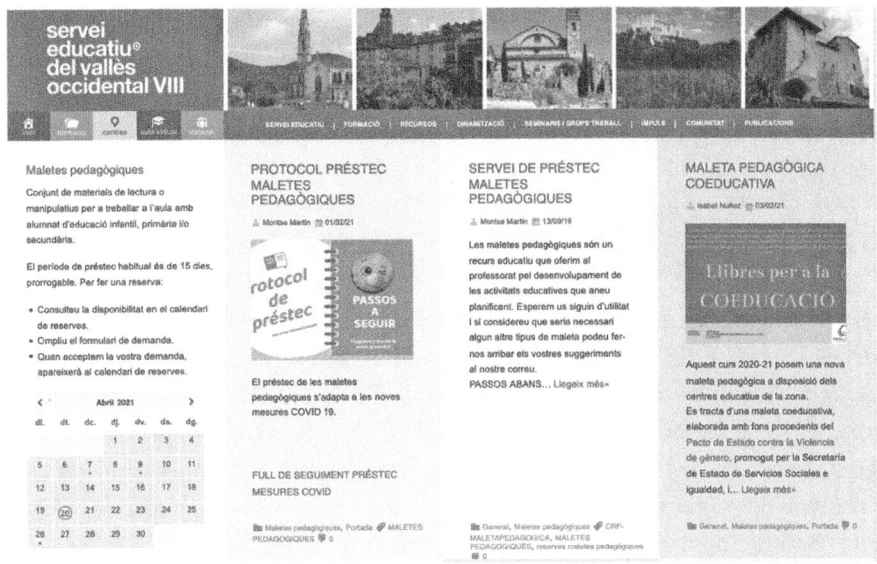

Figura 25. Captura de pantalla de la página web del Servei Educatiu del Vallès Occidental VIII con información sobre el préstamo de MD en tiempos del covid. Fuente: Servei Educatiu del Vallès Occidental VIII.

La irrupción de la pandemia de enfermedad por coronavirus ha afectado de manera especial a la manipulación de objetos con fines educativos por temor al contagio. El préstamo de MD se ha visto afectado y muchas instituciones, como museos o CRP, han incorporado protocolos especiales (figura 25). Sirva como ejemplo el enlace al Servicio de préstamo de maletas pedagógicas del Servei Educatiu del Vallès Occidental VIII, con un apartado específico sobre el protocolo de préstamo adaptado a las medidas adoptadas a causa del covid. También son diversas las instituciones que han creado versiones digitales de sus MD.

¿A QUIÉN VAN DIRIGIDAS?

Hay MD para todos los niveles educativos, desde educación infantil hasta bachillerato (tabla 2). Incluso existen MD para formación universitaria (Linares y otros, 1996), para formación de adultos (Departament de Treball, Afers Socials i Famílies, s. f.) y, sobre todo, para formación de docentes (Álvarez Domínguez, 2017; Red de Escuelas de Ciudadanía, 2016).

En definitiva, gracias a la gran oferta de MD externas, los centros educativos tienen un amplio repertorio donde escoger para abordar prácticamente cualquier área del currículum o de los retos educativos actuales. Salvo excepciones, suelen diseñarse para que el equipo docente pueda utilizarlas sin ayuda de mediación externa.[4] Por este motivo, suelen ir acompañadas de guías o materiales de consulta e, incluso, de acciones de formación del profesorado para que sepan extraer su máximo potencial en el aula.

MD DIY o de creación propia

El éxito de las MD es incuestionable, como lo atestiguan los datos del servicio de préstamo del Servei Educatiu del Segrià, con más de 230 préstamos en menos de cinco meses (de diciembre de 2020 a mediados de abril de 2021) (M. Masana, comunicación personal, 26 de abril de 2021) o los de la maleta «ExpressArt» del MACBA, de la que, según Medina (2017), en el curso 2016-2017 se realizaron «106 préstamos repartidos de manera heterogénea por todo el territorio catalán» (p. 25); la media de préstamos para el periodo de diez cursos analizado por el autor es de 123.[5]

Pero, como hemos dicho, existen también, aunque parecen menos habituales, tal vez por falta de visibilidad, las MD conceptualizadas y generadas por los propios centros educativos a partir de necesidades específicas, de proyectos de centro, etc. En el presente epígrafe tratamos las MD DIY, especialmente vinculadas a las bibliotecas escolares (BE) y a los museos escolares (ME).

LAS MALETAS VIAJERAS, MALETAS LECTORAS O BIBLIOMALETAS: RECURSOS DE LA BIBLIOTECA ESCOLAR

La BE es una institución educativa con un largo recorrido tanto en el ámbito nacional como internacional, como atestiguan la multitud de artículos científicos sobre el tema (Parisi-Moreno, Selfa y Llonch-Molina, 2020). Su tarea fundamental es ayudar a desarrollar las competencias alfabetizadora e informacional del alumnado y, para ello, sus responsables proponen diversas actividades de dinamización, entre las que se encuentra la creación de maletas lectoras, maletas viajeras o bibliomaletas (véase la figura 23):

> [estas maletas] contiene[n] diversos materiales impresos y audiovisuales que va[n] viajando durante un tiempo estipulado de familia en familia, para disfrute de todos. La maleta

---

[4] También hay instituciones que incluyen la visita de una persona mediadora o educadora para desarrollar las actividades asociadas a la maleta.

[5] De nuevo, resaltamos el papel de los CRP (consúltese la web disponible en línea en <http://xtec.gencat.cat/ca/serveis/sez/crp/>) en toda Catalunya como gestores del servicio de préstamos tanto de MD propias como de otras instituciones: «De los 75 CRP de territorio [para el curso 2016-2017], solo 11 no han tenido demanda [de la maleta ExpressArt] para escuelas de primaria e infantil» (Medina, 2017, p. 25).

viajera es una forma sencilla de introducir una «minibiblioteca» en los domicilios con el ánimo de fomentar la mejora en el hábito lector de los alumnos y, de paso, por qué no, invitar a participar en la experiencia lectora al resto de la familia (lolylj, s. f.)

Las BE operan de manera similar a las bibliotecas públicas, que también crean kits de lectura en forma de maletas lectoras (Biblioteca La Oliva, s. f.; Biblioteca Pública Pedro Laín Entralgo, s. f.; Jiménez Martínez, 2012). Se trata de un recurso especialmente habitual en educación infantil, hasta el punto de que se facilitan maletas lectoras para el periodo de adaptación, por ejemplo (Sus pequeños pasos, 2016).

No debe sorprendernos su abundancia,[6] puesto que los planes de lectura, tanto de centro como los fomentados por instituciones públicas, tienen largo recorrido, en gran parte vinculados a la tradición educativa ligada a las BE y a sus acciones didácticas, que cuentan con profesionales especializadas y con cursos de formación, posgrados y másteres específicos (Comisión Técnica de Cooperación de BE. Consejo de Cooperación Bibliotecaria, 2021; Mahwasane, 2016; Sánchez-Tabernero y otros, s. f.; UNED, s. f.).

LAS MD Y EL MUSEO ESCOLAR

Así como no resulta difícil encontrar ejemplos de maletas lectoras creadas por centros educativos, habitualmente generadas desde la BE y con el impulso de las maestras bibliotecarias,[7] resulta mucho más complicado encontrar MD en el sentido que se plantea a lo largo del presente manual. Creemos que ello se debe a que la BE es una institución educativa creada a imagen de las bibliotecas públicas, cuya razón de ser y fuente de conocimiento son las fuentes escritas, principalmente, también materiales audiovisuales y digitales (Durban, 2010). En este sentido, no resulta extraño que las BE compartan acciones educativas y dinamizadoras similares al resto de bibliotecas, como es la creación de maletas lectoras.

En cambio, como hemos visto, las instituciones por excelencia que generan MD que contienen objetos de manera destacada son aquellas basadas en la custodia y estudio de fuentes objetuales: los museos. Ello es así, creemos, porque parten del conocimiento y dominio de estas fuentes. Ahora bien, así como se ha reconocido la centralidad educativa de las fuentes escritas y de las bibliotecas, no se ha hecho lo mismo con los objetos y los museos. Por ello, en los centros educativos y en la formación docente, se da un valor fundamental a la lectoescritura, las fuentes escritas y las BE como recursos fundamentales para la consecución de competencias básicas

---

[6] Muchas de las MD de creación propia de los CRP suelen ser maletas de lectura compuestas por libros.

[7] Son las profesionales especializadas en la creación, gestión y dinamización de la BE.

como la alfabetizadora e informacional, pero se ignora el potencial alfabetizador de las fuentes objetuales y de los ME (Parisi-Moreno y otros, 2020; Parisi-Moreno y Llonch-Molina, 2020).

Ante esto nos preguntamos: si los centros educativos contaran en sus instalaciones con instituciones en forma de ME que operasen por analogía a los museos, ¿los estaríamos dotando de herramientas para generar sus propias MD? ¿Qué pasaría si existiera la figura profesional responsable del ME (al estilo de la maestra bibliotecaria)? (Parisi-Moreno y otros, 2019; Parisi-Moreno y Llonch-Molina, 2021). Desde nuestra experiencia, consideramos que si se dota a las maestras, desde su formación inicial, de metodologías y herramientas basadas en la didáctica del objeto y la alfabetización museística, de las que bebe el ME (Parisi-Moreno y Llonch-Molina, 2021), y se fomenta la creación de ME, se estará promoviendo una forma más de alfabetización y contribuyendo a aumentar las experiencias multialfabetizadoras del alumnado (Area y otros, 2008; Gee, 1999; Schwartz, 2008).

MD MULTIALFABETIZADORAS

Cuando hablamos de ME, los entendemos como instituciones escolares a imagen y semejanza de los museos; por lo que deben contar con una colección; un sistema propio de catalogación (Llonch-Molina y otros, 2020); espacios para almacenar dicha colección; un laboratorio de investigación y espacios de exposición. Como pasa con las BE, además, es fundamental su dinamización, tarea en la que debe estar implicada toda la comunidad escolar (alumnado, profesorado, familias…) con la guía y supervisión del profesional o comisión responsable del ME.

Una de las acciones de dinamización debería ser la creación de MD basadas en el poder educativo de los objetos, además de otros tipos de fuentes. Es más, consideramos que, así como el alumnado genera exposiciones museísticas donde se presentan los resultados de su proceso de aprendizaje, algunas MD podrían también ser fruto del trabajo del alumnado. Otras podrían estar creadas por la persona responsable del ME y por su equipo. Las fórmulas son diversas y dependen de la finalidad y objetivos que se persigan. Incluso podrían prestarse a otras escuelas, como ocurre con algunas maletas lectoras de BE.

Así, las MD DIY deberían tener las siguientes características:
- Partir de problemas, necesidades y experiencias concretas.
- Facilitar la consecución de capacidades y competencias básicas.
- Perseguir objetivos curriculares y objetivos específicos claros.
- Estar pensadas desde y para la inter y transdisciplinariedad.
- Ser concebidas con un guion y una ligazón entre sus elementos.

- Cuidar los aspectos formales y conectar contenido y continente.
- Fomentar la multialfabetización a través del uso y manipulación de distintas fuentes y soportes.
- Explotar los recursos de la BE y del ME.
- Favorecer el diálogo y la interacción entre usuarios (diálogo entre niveles, intergeneracional, etc.).

Ciudad, educación y patrimonio: reflexiones y ejemplos de maletas didácticas

Jordi Arcos Pumarola
Laia Coma Quintana
Marta Conill Tetuà

Figura 26. Actividad de orientación en el tiempo y el espacio (proyecto «The Beit Project»). Ocho parejas de alumnos de dos escuelas buscan las huellas del cambio, comparando mapas antiguos y nuevos en París (barrio Temple, al fondo el antiguo mercado del Temple) en octubre del 2015. Fuente: @The Beit Project.

Ideas centrales

- La *ciudad educadora* como escenario de encuentro y aprendizaje de y para la ciudadanía.
- MD que permiten el descubrimiento de las ciudades y su patrimonio.
- Las MD pensadas para el intercambio de conocimiento entre ciudadanía y visitantes.

Resumen

En este capítulo se presenta la ciudad y sus espacios públicos como escenarios educadores y generadores de oportunidades de aprendizaje y de intercambio social y cultural. Así, presentamos un conjunto de ejemplos de MD que permiten el descubrimiento de las ciudades, su patrimonio, su historia y su memoria histórica tanto para un público residente como para aquellos que visitan un destino.

Ciudad, educación y patrimonio: primeras reflexiones

El ser humano, social por naturaleza, necesita de los demás para vivir y evolucionar y, por ende, para aprender. Desde el inicio de nuestros tiempos, la familia, por un lado, y la comunidad, por otro, han sido agentes educadores que han necesitado de un espacio donde vivir y desarrollarse identificándolo como propio. Cuando nacen las polis griegas, en cuyas ágoras, como espacios públicos, la ciudadanía se encuentra para reflexionar y discutir, se evidencia no solo el carácter educativo de la comunidad, también las posibilidades educativas de la urbe.

Con el paso del tiempo, los agentes educadores se han transformado y han ido apareciendo otros nuevos, como son la familia, la escuela y ahora también la ciudad, que ha devenido un auténtico agente y escenario educativo de y para toda la ciudadanía (residentes y visitantes). Aparece aquí el concepto de *ciudad educadora,* un agente educativo más que recoge sus bases y principios fundacionales en la Declaración o Carta de Ciudades Educadoras (AICE, 2020).[1]

Así pues, hoy en día las responsabilidades educativas no recaen únicamente en la escuela y en el sistema educativo, también recaen en la ciudad. En este contexto, el acto educativo puede entenderse como aquel que traspasa los confines de las paredes de las aulas, entendiéndose la formación como un aprendizaje que se realiza de forma continua y sostenida a lo largo de la vida, tal y como queda reflejado en el preámbulo de la Carta de Ciudades Educadoras.

Si hablamos de las ciudades y su poder educador, no podemos dejar de nombrar el potencial educador de su patrimonio. Los espacios han sido modelados por las personas, sus interacciones y por el paso del tiempo. Y en ellos hemos depositado nuestras expresiones culturales materiales (patrimonio cultural material), las cuales a la vez expresan nuestra esencia y cultura inmaterial (patrimonio cultural inmaterial). De modo que podemos afirmar que las ciudades son grandes contenedores de

---

[1] Puede consultarse la carta en la web de Ciudades Educadoras. Véase el enlace en el apartado de webs de interés.

patrimonio (Coma y Santacana, 2010) tangible e intangible basado en las tradiciones y la cultura de la ciudadanía. Es más, estos elementos característicos son dignos de ser compartidos con los conciudadanos y con quienes visitan la ciudad (Coma y Santacana, 2017). El patrimonio de las ciudades, sea cual sea su forma de expresión, posee también un potencial educador para todos, tanto para la ciudadanía residente como para los turistas que las visitan.

Tomando estas reflexiones iniciales como marco de actuación, en las siguientes páginas se presentan ejemplos de MD con un marcado componente educativo para la ciudadanía que permiten interpretar las ciudades, su patrimonio y sus habitantes.

MD para público turístico familiar

Las ciudades educadoras entienden la ciudad como un espacio de aprendizaje que debe ser abierto y accesible a toda la ciudadanía. Esta filosofía queda recogida a lo largo de la Carta de Ciudades Educadoras, especialmente en el Principio 4 (AICE, 2020) que aboga por el derecho a la cultura de la ciudad de la ciudadanía y su participación, no solamente la que allí reside, sino también de los visitantes.

Asimismo, se recalca la necesidad de identificar, preservar y difundir el patrimonio material e inmaterial como símbolo de identidad. Así es como, ante la llegada de visitantes, la ciudad educadora, tal y como reza el Principio 10 (AICE, 2020, p. 13), «ha de saber encontrar, preservar y presentar su propia, compleja y cambiante identidad y poner en valor el patrimonio tangible e intangible y la memoria histórica que le confiere singularidad».

Finalmente, es importante resaltar que toda ciudad educadora, especialmente si es a la vez turística, de acuerdo con el Principio 20 (AICE, 2020), tendrá especial sensibilidad para promover valores y prácticas de tolerancia, respeto y corresponsabilidad «por lo público y el bien común» (p. 16). En este sentido, el visitante debe sentir que forma parte de las dinámicas de la ciudad, de modo que sus actos importan, así, velará por el bien común de la ciudad.

Un ejemplo de la transversalidad de las ciudades y de sus oportunidades como agentes educadores que interpelan tanto a turistas como residentes es la MD «City Guide» creada por la empresa ZIGZAG.[2] Este recurso va dirigido al público infantil, aunque pueden participar también los adultos para aprender juntos. Cuentan con maletines de ciudades como Londres, París, San Francisco, Nueva York y Roma. Mediante este recurso se propone a los más jóvenes que descubran la ciudad con sus principales puntos de interés, que conozcan la historia local y que reflexionen

[2] *Zig-Zag City Guides.* Véase el enlace en el apartado de webs de interés.

sobre aquello que ven y experimentan durante el recorrido. Esta guía de la ciudad se presenta en formato de maletín fácilmente transportable. El funcionamiento de la maleta es sencillo: a partir de dos personajes (Zig y Zag), se nos propone descubrir una ciudad a través de materiales como un mapa de la ciudad con puntos de interés destacados, una treintena de cartas con información y anécdotas de la ciudad y dos postales para que las personas usuarias puedan mandarlas a familiares y amigos como recuerdo.

Otra propuesta es la creada por la oficina de Turismo de Salamanca titulada «La patrulla renacuaja S. A. y el Misterio de la Sombra». Se trata de un juego dirigido a familias que visitan la ciudad. La temática tratada con esta maleta es el descubrimiento de Salamanca, con el objetivo de conocer la ciudad y su patrimonio a través de un juego de retos y pistas. El juego puede adquirirse en las oficinas de turismo de la ciudad y cuenta con un folleto y códigos QR para acceder al material audiovisual y a las pistas para seguir el recorrido y resolver los enigmas. El juego se desarrolla en dos rutas que integran los principales puntos patrimoniales e históricos de la ciudad. El descubrimiento de Salamanca, sus espacios y anécdotas se hace de la mano de personajes ficticios que guían a los niños y niñas y sus familiares.

MD para toda la ciudadanía

La pregunta por el significado de *ciudadanía* no resulta fácil de responder en espacios urbanos, con límites cada vez más difusos. Tradicionalmente, se ha relacionado la ciudadanía con tres elementos distintivos: ser un sujeto de derechos, participar de la vida política de la ciudad y formar parte de una comunidad política con una identidad característica (Leydet, 2017). Sin embargo, en el contexto de nuestras ciudades, estas tres características políticas del ciudadano pueden ser discutidas. Lamentablemente, nos encontramos con ciudadanos que ven su acceso a la vida política limitada, ataques a los derechos de determinados grupos sociales y una única identidad política no puede ser el nexo de unión que otorgue la condición de ciudadano en nuestras ciudades multiculturales.

En este contexto, la cosmovisión de la ciudad educadora hace corresponsable a la misma ciudad y a las administraciones que la integran de promover el desarrollo satisfactorio de las personas, visión que permite superar divisiones entre grupos sociales, ya que como habitantes de la ciudad, todos son partícipes del mismo proyecto. Tal y como reza la Carta de Ciudades Educadoras en el mismo preámbulo:

> La Ciudad Educadora vive en un proceso permanente que tiene como finalidad la construcción de comunidad y de una ciudadanía libre, responsable y solidaria, capaz de

convivir en la diferencia, de solucionar pacíficamente sus conflictos y trabajar por el bien común (AICE, 2020, p. 4).

Así pues, desde la mirada de la ciudad educadora, las MD resultan un recurso óptimo para la construcción de un diálogo entre ciudadanos y crear espacios urbanos que faciliten la vida buena de los mismos.

Un ejemplo de cómo las MD pueden convertirse en un recurso que facilite la construcción de un sentir comunitario lo encontramos en la exposición itinerante integrada en el programa de participación ciudadana «Plaza de la Memoria» que el Gobierno Vasco desarrolla desde el año 2015 en el marco del Instituto de la Memoria, la Convivencia y los Derechos Humanos, GOGORA. El objetivo de este es promover la recopilación y exposición de testimonios en relación con el contexto y sucesos políticos de las últimas décadas en Euskadi con vistas a construir una memoria histórica generada a través del diálogo.

En la exposición encontramos estructuras de madera a modo de urna. Aún sin ser MD al uso, se presentan como grandes contenedores diseñados para generar un espacio de encuentro y facilitar que los visitantes compartan sus puntos de vista, sus opiniones y sentimientos, depositando sus escritos dentro de tales estructuras. Esta propuesta responde a un tipo de MD basada en un modelo proyectivo colaborativo en la que el contenido se genera a partir de las aportaciones de las personas que hacen uso de ella. Aunque se encuentran en el marco de una exposición, los elementos señalados también pueden utilizarse en espacios urbanos como plazas, escuelas, equipamientos públicos, etc.

Otro ejemplo de un recurso con cierta proximidad a la idea de MD interactiva integrada en espacios urbanos es el «Short Story Dispenser» de la editorial Shortédition.[3] Este módulo, creado en 2016, va dirigido a cualquiera que se acerque al mismo. Tal y como su nombre indica, imprime de forma gratuita pequeños relatos breves en lugares públicos como estaciones de tren, aeropuertos, etc. El objetivo es ofrecer relatos literarios de forma gratuita, fomentando el interés por la lectura y la literatura. Así pues, este recurso tiene un espíritu similar a iniciativas como las Lilliput Libraries y otras acciones similares realizadas en Ciudades Creativas de la Literatura[4] para fomentar el acceso a la literatura por parte de toda la comunidad (Arcos-Pumarola, 2019a). Sin duda, el patrimonio de las ciudades tiene un papel relevante para fomentar la inclusión ciudadana (Conill-Tetuà, 2020). Facilitar el acceso a la lengua, a la literatura y al patrimonio literario de una ciudad facilita la inclusión social (Arcos-Pumarola, 2019b).

---

[3] Short Story Dispenser de Short Édition. Véase enlace en el apartado de webs de interés.
[4] Red de Ciudades Creativas de la Unesco. Véase enlace en el apartado de webs de interés.

Figura 27. Dos grupos de jóvenes se acaban de conocer y montan, en binomios, los módulos Beits de la escuela nómada a dos pasos del centro de Nice (Coulée Verte) en junio del 2019. Fuente: @The Beit Project.

Un último ejemplo de MD concebida para, de y en la ciudad es la propuesta realizada por el arquitecto David Stoleru que lleva por nombre «The Beit Project».[5] Este proyecto de carácter internacional, que empezó en el 2011, se fundamenta en el potencial del espacio urbano y, más concretamente, los sitios de patrimonio histórico. «The Beit Project» propone transformarlos en herramientas para la educación para la convivencia a través de un triple encuentro en el espacio público de una ciudad: con la ciudad en sí misma, con su patrimonio y su historia, y con gente muy diversa que participa de manera directa e indirecta, de forma espontánea. Para ello cuenta con grandes módulos de madera ligera desmontables, llamados *Beit,* concebidos y diseñados por la arquitecta Virginie Manuel como un espacio de estudio y de concentración en el corazón del espacio urbano, que actúan a modo de ágora, en los que sentarse para dialogar. Son los propios participantes quienes construyen, a partir de estos módulos, una especie de «escuela efímera y nómada» en el propio espacio

---

[5] *The beit project. Creating consciousness: Urban Heritage and European Plurality.* Véase enlace en el apartado de webs de interés.

Figura 28. Actividad de orientación en el tiempo y el espacio; los binomios provenientes de dos escuelas buscan las huellas del cambio comparando mapas antiguos y nuevo en Skopje en octubre del 2019. Fuente: @The Beit Project.

urbano. El proyecto está dirigido a jóvenes, principalmente de entre 11 y 16 años, provenientes siempre de dos escuelas diferentes (por su situación geográfica, condición social, orientación...) que se encuentran durante unos días y aprenden a trabajar y a construir juntos. A pesar de ser un proyecto pensado para escolares, está abierto a la ciudad, como entorno, también a su ciudadanía, pues se invita a quien quiera a sentarse en los *Beit* para compartir sus opiniones y puntos de vista con los jóvenes.

A través de los ejemplos mencionados vemos que, sin lugar a duda, la adaptación y uso de MD dirigidas a la ciudadanía va en clara sintonía con los principios de las ciudades educadoras. Los ejemplos muestran, además, cómo las finalidades de adaptar estos recursos educativos al elemento urbano pueden integrarse en una multiplicidad de fines y necesidades. Así pues, el traslado de estas herramientas didácticas al contexto urbano se muestra como un fecundo espacio para futuras iniciativas y análisis.

Pautas para el diseño de maletas didácticas: aspectos pedagógicos

Laia Coma Quintana
Ana Portela Fontán

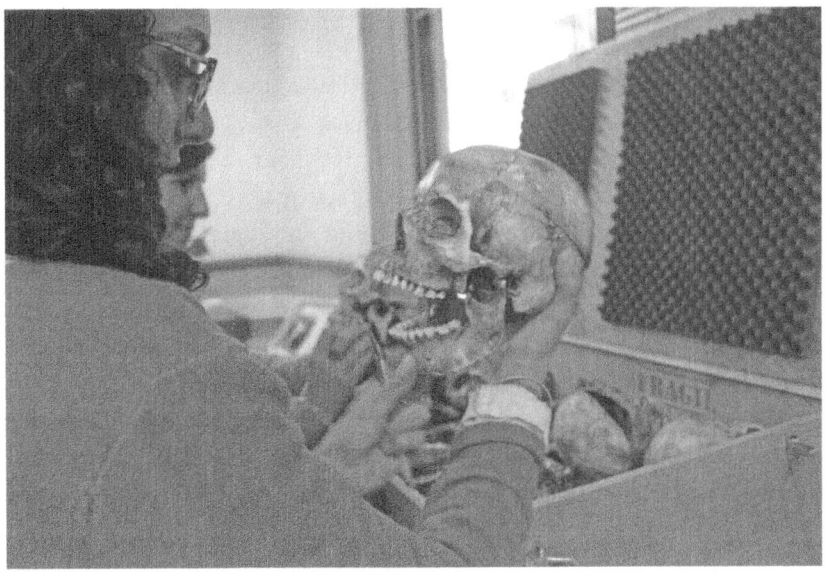

Figura 29. Alumna haciendo uso de la EduLabCase «Los huesos».
Fuente: Ana Portela Fontán.

Ideas centrales

- Las MD ofrecen diversas posibilidades de aprendizaje mediante la interacción, el juego, la emoción y la experimentación.
- Para conceptualizar una MD hay que preguntarse dónde, para quién, para qué, cuándo y cómo.
- Para su diseño hay que pensar en los objetivos, los contenidos, las actividades y los materiales, y no olvidarse de la evaluación.

Resumen

En este capítulo se exponen, en primer lugar, las bases pedagógicas de las MD que las definen como auténticos recursos educativos. Y, en segundo lugar, se presentan los pasos y variables a tener en cuenta en el proceso de conceptualización, diseño, ejecución y puesta en marcha de una MD.

Las MD como recurso educativo

Las MD ejercen una clara función pedagógica al concebirse como recursos diseñados con finalidades didácticas que permiten el desarrollo de unas actividades concretas para explicar a un público determinado unos contenidos de forma clara y eficaz, lo que facilita la comprensión de estos y establece un diálogo activo con el usuario o usuarios que los manipulan.

Como vemos, hablar de MD significa hablar desde un prisma educativo y, por ello, podemos determinar las bases pedagógicas concretas que las sustentan. Por un lado, las MD se basan en la denominada pedagogía activa, en la que los usuarios que las manipulan o aprenden con ellas tienen un rol participativo basado en la experimentación. Así pues, podemos decir que son una guía para orientar las acciones de enseñanza con el fin de conseguir una secuencia didáctica eficaz para el aprendizaje; que despiertan la motivación y crean interés; que, por su carácter interactivo, ayudan a ejercitar y a desarrollar ciertas habilidades y que proporcionan nuevos aprendizajes basados en la manipulación de piezas u objetos.

Por otro lado, las MD se basan en la denominada didáctica del objeto, ya que se presentan como contenedores que ofrecen diversos objetos y/o elementos materiales a partir de los cuales, y mediante su observación, análisis e interrogación, podemos activar una secuencia de aprendizaje intencionada (Santacana y Llonch, 2012).

Otra de las bases pedagógicas de este tipo de recursos es el aprendizaje emocional. Muchos de los elementos que contienen las maletas, o el tipo de propuesta de actividad planteada en ellas, pueden emocionar a la gente, transportarlas a recuerdos y sensaciones ya conocidas y, desde la emoción, la mente se conecta con nuestro corazón y se predispone a aprender. Tal y como expone Mora (2009), nuestro sistema emocional «es la guía que da luz e ilumina todos nuestros planes [...]. La emoción es el ingrediente que permite el encendido de la conducta» (pp. 155-156).

Finalmente, es también importante resaltar como base pedagógica de las MD su dimensión lúdica, ya que hace uso del juego como estrategia de aprendizaje. Invitan a aprender desde el juego y la experimentación a partir de la estimulación para activar la motivación y ofrecen posibilidades de aprender de forma amena, dejando espacio a la exploración y la creatividad espontánea, que se traduce en una experiencia de aprendizaje feliz.

> De la misma forma que en cualquier acto educativo no todas las variables se pueden controlar para garantizar un resultado exitoso del proceso de enseñanza-aprendizaje, en la creación e implementación de MD, por su carácter pedagógico, no todos los elementos que entran en juego son previsibles. En este sentido, también se debe tener en cuenta que las MD, como recursos autónomos y flexibles, permiten una cierta apropiación por parte del profesorado o de las personas que hacen uso de ellas, seleccionando aquellos materiales que más les interese o, incluso, llevando a cabo actividades que no fueron contempladas en el diseño.

Fase inicial del diseño

Conceptualizar y diseñar MD no es una tarea fácil debido a la cantidad de variables que entran en juego. A pesar de ello, pueden establecerse unas pautas y criterios a tener en cuenta. Para empezar, lo fundamental es preguntarse cuestiones tales como dónde, para quién, para qué, cuándo y cómo. Desarrollemos estas preguntas.

¿Dónde?

Hay que tener en cuenta el contexto y ubicación espacial de la MD porque de ello dependerá su formato y estructura. Si bien todas comparten su carácter móvil, algunas de ellas permanecerán siempre en el equipamiento para el cual se cree. Otras tendrán como objetivo recorrer itinerarios por las escuelas o centros educativos que lo soliciten, de modo que habrá que pensar en un diseño ligero, fácil de transportar y resistente.

¿A quién nos dirigimos?

Cuando se diseña una MD con el objetivo de facilitar la comprensión de unos contenidos, tenemos que pensar en el público destinatario. Según el perfil del público, seleccionaremos unos contenidos concretos para trabajar, definiremos un tipo de actividades y no otras, pensaremos en aquellas estrategias pedagógicas para el aprendizaje que más les puedan motivar y partiremos de un nivel que pensemos que son capaces de comprender.

Aquí también debemos tener en cuenta los denominados canales de aprendizaje. Cada persona percibe y aprende las cosas de forma distinta y a través de diferentes canales sensoriales (visual, auditivo y cinestésico), por lo que, cuando planteamos el diseño de una MD, es necesario tener en cuenta esta variedad de formas de aprender.

¿Para qué?

Otra cuestión importante a tener en cuenta es la finalidad pedagógica. En este sentido, nos tenemos que preguntar qué pretendemos realmente con este recurso. Una MD puede asumir distintas funciones: introducir un concepto o idea; desarrollar con profundidad algunos de los temas o ideas; consolidar y reforzar aprendizajes; ampliar o complementar contenidos; reafirmar y recordar ideas en la fase de cierre de una actividad y evaluar aprendizajes de forma colectiva o bien mediante la autoevaluación.

¿Cuándo?

La coordenada temporal también la debemos controlar, pues es imprescindible prever el tiempo necesario para la realización de todas las propuestas de actividad que presenta la MD. Esta previsión temporal debemos realizarla pensando en el logro de los objetivos, de modo que garanticemos que, con el tiempo que hemos previsto para su uso, los objetivos de aprendizaje se puedan alcanzar. Además, también hay que pensar en el tiempo que le vamos a dedicar a este recurso teniendo en cuenta su finalidad pedagógica y el rol que este recurso tiene si forma parte de una visita acotada también temporalmente hablando.

¿Cómo?

Otra cuestión ineludible cuando estamos diseñando una MD son las estrategias de aprendizaje. Existen distintas formas de aprender y podemos incidir en una en particular, o articular una propuesta de actividades a desarrollar basada en distintas dinámicas de aprendizaje. Por citar alguna de ellas, podemos considerar el aprendizaje por descubrimiento; por ensayo y error; el aprendizaje por imitación; el basado en la asociación de ideas; el aprendizaje por repetición o bien el memorístico.

Planteamiento didáctico y concreción de la propuesta

Una vez determinadas las cinco preguntas iniciales, es necesario definir los objetivos y contenidos, diseñar la secuencia de actividades, seleccionar los medios y materiales didácticos que se incluirán en la maleta y elaborar la guía didáctica que la acompañe.

OBJETIVOS QUE SE PRETENDEN ALCANZAR

En primer lugar, es preciso establecer el objetivo general que se pretende alcanzar a través de la propuesta y, a continuación, con mayor detalle, definir cómo se concretará. Podemos distinguir entre los objetivos conceptuales, aquellos que se refieren al conocimiento; los procedimentales, que hacen referencia a las habilidades intelectuales y motrices necesarias para conseguir un fin, y los actitudinales, centrados en valores, normas, creencias o actitudes. Para poder valorar su consecución deben formularse de manera que sean cuantificables y verificables.

CONTENIDOS

Se debe determinar el conjunto de saberes en torno a los que se organiza la propuesta. Para ello, se distingue también entre conceptuales, procedimentales y actitudinales. A la hora de diseñar una maleta, se sugiere desarrollar un recurso que aborde de manera transversal diferentes contenidos y que ofrezca adaptaciones para diferentes edades y distintos niveles de profundidad.

DISEÑO DE LA SECUENCIA DE ACTIVIDADES

Por otro lado, se aconseja definir y diseñar diferentes actividades, ponerles un título y establecer los objetivos de cada una de ellas. Sin embargo, es importante que la propuesta ofrezca flexibilidad para que se adapte a los intereses y necesidades del grupo. Asimismo, también puede ser de interés que el recurso ofrezca diversos itinerarios, es decir, que no sea necesario realizar todas las actividades, sino que ofrezca diversas posibilidades

También se debe tener en cuenta el momento, dentro de la secuencia didáctica o formativa, para la que se propone la actividad. Así, podemos distinguir entre actividades iniciales, actividades de la fase de desarrollo y actividades para la fase de cierre. Estas actividades pueden ser de diversos tipos: observación, manipulación, creación, resolución de un problema, etc. Igualmente es preciso determinar la duración aproximada y especificar la organización, distinguiendo entre actividades individuales, en pequeños grupos o en gran grupo.

Por último, cabe determinar la metodología de cada una de ellas, es decir, responder a la pregunta cómo se enseña, para lo que se aconseja seleccionar metodologías activas o por descubrimiento que tengan en cuenta las ideas previas del alumnado y que propicien un aprendizaje significativo.

Selección de los medios y materiales didácticos

Diseñadas las actividades, es necesario seleccionar los materiales didácticos que se incluirán en el interior de la maleta para su desarrollo. Area (2004) distingue cinco tipos de medios y materiales didácticos en función de la modalidad simbólica: los modelos manipulativos, en los que distingue entre los objetos o recursos reales, como los materiales del entorno, materiales para la psicomotricidad y los materiales de desecho, por un lado, y los medios manipulativos simbólicos, como los juegos o bloques lógicos, por otro; los modelos impresos, en los que se hace uso de manera principal de los códigos verbales; los medios audiovisuales; los medios auditivos y los medios digitales.

En el momento de seleccionarlos, conviene tener en cuenta la adecuación a la edad de los destinatarios, deben permitir diferentes usos y adaptarse a las necesidades. También se sugiere seleccionar diferentes medios y materiales, ya que de esta forma resultará más sencillo que el recurso atienda a la diversidad del grupo. Asimismo, en función del tipo de actividades propuestas y del uso que se haga del material, es necesario incluir más de un ejemplar de cada material para poder realizar acciones simultáneas o que el mismo objeto sea manipulado durante más tiempo por cada persona.

Diseño de la guía didáctica o dosier

Un gran número de MD son recursos autónomos, para lo que es indispensable que incluyan en su interior una guía didáctica o dosier de uso. Idealmente, este documento debe explicitar los objetivos, contenidos, funcionamiento y uso de los materiales, pautas y sugerencias de actividades, así como una enumeración de los materiales de la maleta. Debe adecuarse al nivel lingüístico de los destinatarios (Parcerisa, 2006), tiene que contener la información necesaria y presentarla de forma clara y concisa. También se aconseja hacer uso de elementos visuales como diagramas e imágenes que faciliten y agilicen la lectura, acompañados de resúmenes que sinteticen las ideas centrales.

Esta guía debe incluirse en formato impreso en el interior de la maleta y se aconseja que también esté disponible digitalmente en la página web en la que se presente el recurso. De esta forma, se facilita la difusión de la propuesta y puede contribuir a una mayor demanda.

La puesta en marcha

Tras el diseño de la propuesta didáctica, la última fase consiste en determinar un nombre, realizar una prueba piloto y diseñar las estrategias de gestión, difusión (presentación pública y difusión) y de uso (seguimiento, mantenimiento y evaluación). Atender a estas cuestiones de manera adecuada facilitará el correcto aprovechamiento del recurso.

Un nombre para la maleta

En primer lugar, se debe pensar en un nombre. En este sentido, es aconsejable un nombre breve, atractivo, sencillo, fácil de recordar y que esté relacionado con el tema central que se trabaja con el recurso.

Prueba piloto y validación

Una vez elaborado el recurso, es necesario llevar a cabo una prueba piloto y validación que permita comprobar si la propuesta funciona de manera adecuada, así como detectar posibles mejoras, para reformular el planteamiento antes de su puesta en marcha y uso. Esta prueba se debe realizar con uno o varios grupos similares al público destinatario y, en la medida de lo posible, en el mismo contexto.

Gestión del recurso

Otra de las cuestiones esenciales se refiere a la gestión del recurso. Así, una MD es un recurso que se puede utilizar en múltiples contextos educativos, como una visita guiada u otra actividad dentro del museo, o en otros espacios, como puede ser el centro escolar. En el primer caso, sería necesario almacenarlo en un espacio accesible. Sin embargo, si se utiliza fuera de la institución existen diferentes posibilidades: en primer lugar, la propia institución que creó el recurso puede enviarlo al centro que lo solicite, así como gestionar su retorno; otra posibilidad es poner la MD a disposición de los CRP para que desde este servicio se haga difusión y se gestione su préstamo; por último, otra opción es que esta gestión se delegue en una empresa externa de servicios culturales.

Presentación pública y difusión

Diseñada, validada y una vez realizadas las posibles mejoras, es fundamental hacer difusión de la MD. Así, en primer lugar, se sugiere organizar una jornada en la que se presente públicamente el recurso. De forma paralela, se debe hacer difusión en diversos medios: son especialmente adecuados las páginas web y las redes sociales. También se aconseja tener mucho en cuenta el público al que se dirige, así, si el material es para escuelas, tal y como se mencionaba anteriormente, los CRP pueden ser de gran ayuda.

SEGUIMIENTO Y MANTENIMIENTO

Tras su puesta en marcha, se debe hacer un seguimiento para su correcto manteni-miento. Con el uso, es posible que sea necesario renovar tanto el continente como el contenido de la maleta, por lo que se aconseja destinar una parte del presupuesto a cubrir los gastos derivados de la reposición de materiales, así como tener en cuenta la durabilidad de los elementos que incluye la maleta para que sea más sostenible en tér-minos económicos y ecológicos. Asimismo, se aconseja sistematizar ese seguimiento para obtener información, como, por ejemplo, el número de personas demandantes, el perfil mayoritario o el tiempo de préstamo.

LA EVALUACIÓN

Por último, es fundamental realizar una doble evaluación: por una parte, de las cues-tiones didácticas, es decir, si se han alcanzado los objetivos establecidos, y, por otra, de la maleta, así como de la propuesta educativa o programa que permite poner en mar-cha. En este sentido, resulta interesante obtener tanto las impresiones de los usuarios participantes como de la persona que lleva a cabo la actividad. Esta evaluación puede ser, en función del momento, inicial, continua o procesual o final. En cuanto al mé-todo de recogida de información se aconseja un cuestionario con un diseño adecuado a la edad de los destinatarios en el que se recojan datos cuantitativos y especialmente cualitativos para conocer la opinión de los participantes y de la persona responsable del grupo. Ello puede combinarse con un *feedback* más informal al final de cada sesión.

Pautas para el diseño de maletas: aspectos formales

Carolina Martín-Piñol

Raquel Gil Fernández

Figura 30. Maletas que muestran diversos formatos de contenedor. De izquierda a derecha y de atrás adelante: maleta «Dan Dan Dansa» (Mercat de les Flors), «ExpressArt» (MACBA), «Maleta Cívica Museos» (Ayuntamiento de Barcelona), maleta «Art+Escola+Buit» y «Art+Escola+Llum» (ACVic Centre d>Arts Contemporànies), «7 de Cinema» (Filmoteca de Catalunya). Fuente: Carolina Martín Piñol.

Ideas centrales

- La MD y su diseño como elemento generador de estímulos motivadores.
- Contenedor y contenido: dimensiones observables y aspectos para tener en cuenta en su diseño formal.
- La adecuación del diseño de la MD al contexto y a la experiencia didáctica.

Resumen

En el presente capítulo se exponen una serie de pautas para la correcta configuración formal de la MD. Para ello se establecen tres ámbitos a observar —diseño, adecuación y usabilidad—, a los que se le asocian determinadas características que se deben tener en cuenta tanto en relación con el formato del elemento contenedor como en la selección y organización de los materiales contenidos. Asimismo, se exponen algunos ejemplos de buenas prácticas.

El aspecto formal de las MD

En este capítulo se exponen aspectos relacionados con la configuración formal de las MD indicando algunas de las limitaciones y beneficios de las diferentes opciones. Hay que tener en cuenta que el resultado de dichos aspectos formales determina la primera toma de contacto que el usuario tiene con el recurso, previa a la experiencia didáctica que con él se desarrolla, y puede resultar decisiva a la hora de modelar su motivación inicial. Así pues, a continuación, se expondrán diversas pautas para tener en cuenta en el diseño tanto del contenedor como del contenido.

Los objetos son poderosos catalizadores para configurar prácticas de conocimiento compartido (Srinivasan y otros, 2010) y, cuando se relacionan con su contexto, se producen experiencias de aprendizaje enriquecedoras (Llonch y Parisi, 2016). Partiendo de esta premisa, en este capítulo se centrará la atención en un aspecto relevante de las MD: su tangibilidad.

Lavado (2013) evidencia el papel de la MD como elemento generador de estímulos motivadores e indica que para activarlos hace falta un breve periodo de tiempo. La eventualidad es uno de los elementos inherentes a las maletas, así como el hecho de que deben ser un elemento que capte la atención de manera casi instantánea. Estas cuestiones dan idea de la importancia que tiene la toma de decisiones en relación con el diseño del material y su configuración formal.

Como se indica en otros capítulos de este manual, la figura del educador a la hora de dinamizar los materiales que configuran la MD es esencial. Debe dinamizar la experiencia, secuenciar el contenido, poner en funcionamiento competencias, fomentar la observación crítica y estimular el pensamiento contrafactual. Pero no es menos cierto que lo idóneo es que los materiales *per se*, en una primera aproximación, sean capaces de evocar contenidos, actitudes y procedimientos desde una perspectiva transdisciplinar. En ocasiones las instituciones generadoras de la maleta privilegian el objetivo de mostrar sus colecciones en detrimento de este ánimo didáctico (Coma y Santacana, 2010; Martínez y Martín, 2019). Esta perspectiva más limitada se puede desplegar atendiendo a una correcta selección y/o diseño de los materiales y de los contenedores de estos.

Los trabajos que han analizado experiencias llevadas a cabo con MD resultan esclarecedores a la hora de determinar los aspectos que se deben tener en cuenta para establecer un diseño formal óptimo (Álvarez, 2017; Martínez y Martín, 2019; Monteagudo y Muñoz, 2017). En la siguiente tabla se sintetizan en tres dimensiones que, a su vez, se pueden subdividir en diferentes categorías de análisis.

ÁMBITO	CONTENEDOR	CONTENIDO
Diseño	- Aspectos estéticos - Originalidad - Generación de motivación - Adaptación física al contenido	- Diseño de los elementos (cuando es aplicable) - Selección de elementos (cuando son preexistentes o réplicas) - Aspecto estético de los elementos - Aspectos motivacionales - Originalidad
Adecuación	- Vinculación contextual - Contenedor-contenido - Confluencias con el contexto generador - Organización de los contenidos	- Confluencias con el contexto generador - Selección de elementos (cuando son preexistentes o réplicas) - Organización: secuenciación y relación entre materiales - Claridad expositiva - Variedad - Cantidad
Usabilidad	- Aspectos volumétricos: tamaño y peso - Portabilidad - Manipulación	- Manipulación

Tabla 3. Dimensiones a tener en cuenta para el diseño de una MD.
Fuente: elaboración propia.

Como se verá a continuación, en ocasiones la optimización de alguno de estos ámbitos o categoría en particular dentro de los mismos irá en detrimento de otro. Por ejemplo, a veces un diseño muy atractivo supone sacrificar la portabilidad y la usabilidad o una adecuación muy clara y directa de los contenidos puede suponer que la variedad y la complejidad de los materiales seleccionados sea escasa. Por tanto, habrá que atender al nivel educativo y los objetivos didácticos perseguidos para conseguir un equilibrio correcto en el aspecto formal.

Formato, diseño y funcionalidad del elemento contenedor

A pesar de la importancia de la primera impresión que causa el receptáculo de los objetos que configuran la MD, son pocos los trabajos que reflexionan sobre este aspecto externo. Monteagudo y Muñoz (2017) inciden en que el formato del contenedor es el que hace de las MD algo que puede ser atractivo al mismo tiempo que cercano y comunicar la sensación de descubrimiento a la vez que el deseado «factor sorpresa» que motiva a abrir el contenedor y manipular lo que encierra en su interior.

En cuanto al diseño, la estética otorgada al objeto destinado a *contener* es la primera visión del usuario. Existe una amplia tipología que va desde la más simple, maletas sin mayor transformación, a elementos que simulan otros objetos, como archivadores, cajones, etc. De su tipología depende en gran medida el material con el que esté hecha. Los más comunes son el plástico, la madera, metales ligeros, telas... El diseño más elaborado suele generar más motivación y va ligado a la percepción de originalidad por parte del usuario, transportándolo desde el inicio al contexto comunicado.

Atendiendo al ámbito de la adecuación, el contenedor debe dialogar con el contenido, actuando como objeto introductorio de lo que se encontrará tras su apertura. A su vez, de manera conjunta, deben evocar el contexto que se muestra y sobre el que se pretende enseñar. En cuanto a la organización del contenido, el componente didáctico del material también influye en la elección del contenedor, pues hay muchas maletas que se basan en nociones y acciones clasificatorias o taxonómicas, lo que condiciona la necesidad de establecer un interior compartimentado y ordenado. Por tanto, debe tenerse muy en cuenta la secuencia didáctica, si requiere un orden preestablecido o es «libre», para compartimentar en mayor o menor medida el interior y que este se adecúe a los objetivos.

La usabilidad es otro ámbito que debe contemplarse y va muy ligado al peso y las dimensiones. Existen artefactos muy efectistas, como las maletas del Musée en Herbe o la «Big Valise» del Museo Nacional Thyssen-Bornemisza, pero que entrañan dificultades en su transporte. Sin embargo, las maletas simples —como las llamadas bibliomaletas, véase el capítulo 6 de este mismo volumen— o las cajas de pequeño formato —«Instant Class Kit»— son de fácil transporte, bien por la presencia de ruedas o por su reducido tamaño. También se debe tener en cuenta que la función de embalaje sea óptima y proteja el contenido en su transporte o que los mecanismos de apertura y cierre sean cómodos, seguros y manipulables.

A continuación, se presenta una propuesta de clasificación básica atendiendo a la apariencia del contenedor y su mayor o menor apego a la imagen de maleta y otros elementos destinados a viajar y transportar objetos, nociones inherentes a la esencia de la MD.

Contenedores viajeros-*suitcase*

Se incluyen en este grupo las que utilizan como contenedor una maleta *sensu estricto*. Aparece presentada tal cual conocemos este objeto cotidiano en la actualidad, sin

Figura 31. MD «Kit Caixa Comunica», EduCaixa-Fundació La Caixa.
Autora: Carolina Martín Piñol.

modificaciones o siendo estas muy leves. En ocasiones muestran un distintivo que las identifica con la institución que representan. Incluimos por extensión en este grupo cualquier objeto que sirva como medio para transportar equipaje, como mochilas, bolsas de viaje, riñoneras, portafolios o maletines cuya única modificación sea una rotulación identificativa con nombres, imágenes o logotipos. Como ejemplo queremos nombrar el «Kit Caixa Comunica» o la «EduLabcase Metales». Suelen albergar contenidos que no requieren mucha compartimentación ni clasificación (libros, objetos de atrezo...). Cumplen con un parámetro importante de la didáctica del objeto, pues son cotidianos (Santacana y Llonch, 2012), pero en ocasiones no suscitan tantas expectativas como otros tipos. Generalmente son fáciles de transportar y requieren menor inversión económica para su desarrollo. En este sentido, hay que tener en cuenta que dentro de esta categoría podemos diferenciar entre aquellas que manipularía y portearía el mediador y aquellas que transporta el propio usuario.

CONTENEDORES EVOCADORES

Conservan la esencia de los objetos de transporte para viajes o desplazamientos, pero han sido rediseñadas para confluir con el tema por el que fueron creadas o con la institución de la que provienen. Estas maletas pueden tener el aspecto de otra época (maletas de madera o cartón, baúles, cestas...), como es el caso de la del monasterio

Figura 32. MD «7 de Cinema», Filmoteca de Catalunya. Autora: Carolina Martín Piñol.

de Sant Cugat, presentada en baúles de mimbre. También pueden ser contenedores relacionados con una profesión, sector o ámbito (fundas de instrumentos musicales, maletines de pintor, maletas de transportar atrezo en artes escénicas...). Tienen en común que su diseño evoca de manera directa la colección de objetos que alberga o los conceptos o contenidos que ha querido desarrollar con ella la institución a la que pertenece y el imaginario de su contexto. En el caso de «7 de Cinema», simula un contenedor de transporte para equipos y elementos relacionados con el cine al tiempo que recuerda una claqueta.

Otro tipo de receptáculos

Para definir este grupo hay que tener en cuenta la falta de cohesión en la terminología y la taxonomía (véase el capítulo 1). Además de MD, encontramos otras nomenclaturas que en ocasiones están ligadas al contenedor. Por ejemplo, algunas de las Edu-LabCase, que recuperan formas que recuerdan a pequeños laboratorios portátiles (Martínez y Martín, 2019), con recipientes de toma de muestras y clasificación, o los kits, que pueden adoptar múltiples morfologías. Así, se considerará dentro de este grupo las que tienen un contenedor distinto a los anteriores y son artefactos móviles

Figura 33. «Arqueokits», Diputación de Salamanca. Autora: Diputación de Salamanca.

que se utilizan en el contexto educativo, ponen en marcha actividades didácticas y requieren interactividad (Coma y Santacana, 2010).

Esta categoría es amplia y engloba multitud de formatos, como las que simulan armarios, carros, cajones con ruedas, archivadores… Suelen ser muy llamativos para el usuario, ya que en la mayoría de las ocasiones se trata también de elementos de gran formato. Un paradigma de esta categoría podría ser los «Arqueokits» de Salamanca.

El contenido: diseño, selección, usos y organización formal del material

Existe una gran diversidad de materiales relacionados con las MD. Pueden incluir reproducciones a distintas escalas, material original, fungible, audiovisual, documentación gráfica, juegos y juguetes, etc. (Portela, 2020) y en muchas ocasiones en una misma maleta aparecen varios tipos de material.

Los materiales a veces requieren ser diseñados y, en otras, ser seleccionados para representar un ámbito, colección o grupo de artefactos; en ambos casos sirven para poder vehicular determinadas actividades. La selección de elementos también es una tarea compleja, en especial cuando se pretende sintetizar y contextualizar el contenido principal de la institución representada y alentar a conocer mejor el contexto (Gondwe y Longnecker, 2015). Pueden ser réplicas a escala o tamaño real o material original, como en el caso del «Colaboratorio Fluxus». La actividad del usuario está guiada de manera directa (Parcerisa, 2006) cuando se encuentra frente a juegos, puzles, maquetas, elementos de montaje o para emplear distintas técnicas. En ocasiones se introducen elementos sorpresivos o atractivos para el usuario dentro de un conjunto más monotemático y homogéneo, como peluches o cámaras.

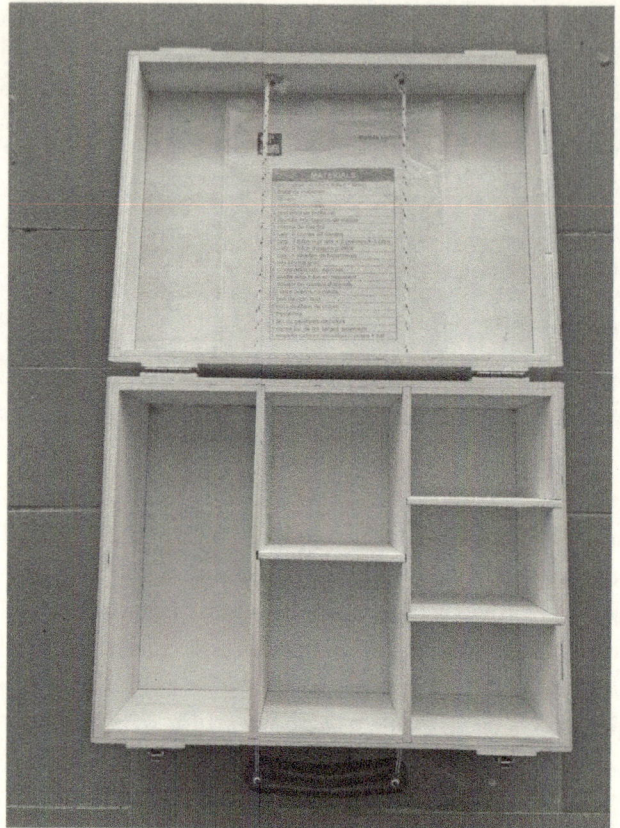

Figura 34. Interior compartimentado MD «Dan Dan Dansa»,
Mercat de les Flors. Autora: Carolina Martín Piñol.

Claridad, variedad y cantidad son nociones que a veces están relacionadas entre sí y con la organización y configuración de la maleta (Santacana y Llonch, 2012). Si se incluyen muchos materiales puede enturbiar el discurso, cuando no se presenta una clasificación previa. Por otra parte, una configuración más libre del material puede ayudar a fomentar la reflexión, la dimensión crítica y el establecimiento de hipótesis propias de los objetivos de las MD (Ugarte y Torres, 2017).

Los aspectos motivacionales pueden ser modelados, al igual que sucede con los contenedores, por el aspecto estético y la originalidad del material. Por ejemplo, cuando se incluyen materiales históricos o artísticos a modo de receptáculo.

En el contenido de las maletas, la adecuación influye de manera muy directa sobre la aplicación de la experiencia didáctica. La organización y presentación de los materiales puede guiar al dinamizador para establecer una determinada secuencia didáctica o una actividad determinada (Serrat, 2005), como en la MD de arqueología sobre prehistoria («Paleomanías»).

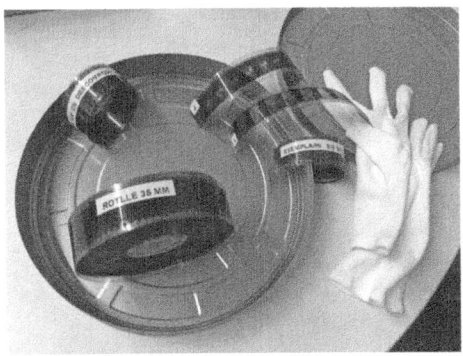 

Figuras 35 y 36. Elemento interior de la MD «7 de Cinema», Filmoteca de Catalunya.
Autora: Carolina Martín Piñol.

La manipulación del contenido es un aspecto relevante para el usuario. Se debe tener en cuenta la edad del público al que va dirigida y se tienen que contemplar cuestiones como la complejidad del montaje, cuando lo requieran, como la maleta «ARTE+ESCUELA+LUZ», la fragilidad de las piezas —pensando en que han de ser reutilizadas— y no olvidar la seguridad —sobre todo cuando van dirigidas a un público infantil—.

Maletas didácticas en entornos digitales. Una aproximación reflexiva sobre tipologías, modelos y potencialidades

JÚLIA CASTELL VILLANUEVA

ANA PORTELA FONTÁN

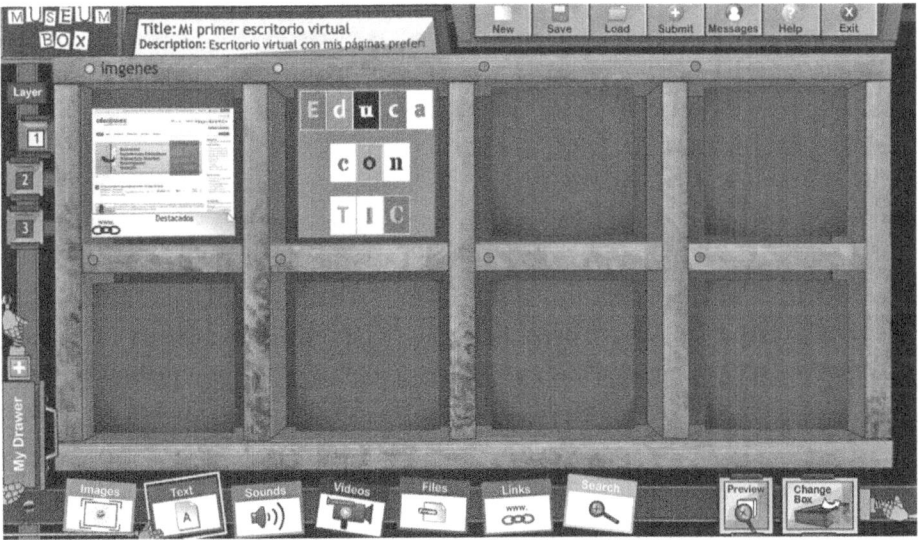

Figura 37. Museum Box. Fuente: captura de pantalla de Museum Box publicado en Educar con TIC.

Ideas centrales

- Las MD en entornos digitales se conforman mayoritariamente como adaptaciones de la maleta física.
- En este contexto, podemos clasificar las MD en dos grandes tipologías: MD digitales y MD virtuales.
- Posibilidades de las MD en entornos digitales.

Resumen

El uso generalizado de las tecnologías ha favorecido la aparición de MD en entornos digitales. Sin embargo, partiendo de una mirada utilitarista e instrumental, estas mayoritariamente se conforman como una traslación de las propuestas físicas, obstaculizando un despliegue más profundo de su potencialidad. Así, en este capítulo, se realiza una reflexión sobre el tema, presentando una propuesta de clasificación y revisando modelos concretos para considerar algunas características intrínsecas de su esencia tecnológica, para vislumbrar, finalmente, ventajas y posibilidades de futuro.

Una primera aproximación contextual

Más allá de algunos estudios relacionados con la educación patrimonial[1] en un contexto digital, la inexistencia de un corpus teórico claramente definido relacionado con las MD no ha impedido el surgimiento de diversas variantes tecnológicas —especialmente durante las últimas dos décadas, con diferentes objetivos, miradas y resoluciones—, generando un poso residual que podemos tomar como constructo generalista para abordar una teorización más articulada y profunda.

Antes de entrar en materia, creemos pertinente realizar una breve anotación histórica en relación con la utilización de las MD como un recurso innegablemente motivador en procesos educativos, gracias, principalmente, a las estrategias didácticas de enseñanza activa y participativa (García Blanco, 1994). El Museo Pedagógico Nacional, a finales del siglo XIX, ya hablaba de un servicio que el museo podía hacer a la escuela, aunque no implicase directamente al maestro de un modo directo: «el material circulante». En el listado del material aparecía «una máquina eléctrica de cierta potencia, teléfonos, fonógrafos, una colección de preparaciones anatómicas o de láminas y fotografías para la historia del arte, una máquina de vapor, un aparato de proyección, por ejemplo» (Cossio, 1986, p. 24). Esos materiales, que pretendían generar un conocimiento activo —incluyendo los más técnicos, que se añadían especialmente por su utilidad y que podríamos considerar las TIC del momento—, con el paso del tiempo han ido evolucionado hasta llegar a configurar las actuales MD, que responden en esencia al mismo objetivo, pero distan de ellas fundamentalmente en cuanto a su presentación y forma de interacción, como veremos a continuación.

[1] Destacamos especialmente los estudios en torno a la reconceptualización del término *museo* y a su potencialidad educativa en el espacio web realizados por Asensio, Fernández, Fontal, Ibáñez y Rivero, entre otros.

De la maleta física a la maleta virtual, todo un mundo de posibilidades tecnológicas

El avance de las tecnologías y la popularización del uso de internet a finales del siglo XX favoreció el inicio de la digitalización de las colecciones en los museos, abriendo un nuevo mundo de posibilidades respecto a la accesibilidad y visualización de contenidos. Esta apertura acabaría provocando, en poco tiempo, un cambio de paradigma en el que la enseñanza como elemento instructor y transmisor de conocimiento irá cediendo progresivamente el protagonismo a la educación, más preocupada por la promoción y transmisión de valores (Hernàndez, 2005).

Como consecuencia de las innovaciones tecnológicas, los espacios museísticos empezaron a surgir en la red, respondiendo con diferentes modelos a diferentes necesidades, pero llevando siempre implícito un proceso de adaptación de los contenidos al formato digital. Las primeras experiencias en un entorno digital de MD surgen como complemento o extensión de la versión física. No obstante, aunque esta no ha sido la única práctica, quizá sí ha sido la más generalizada, porque, a pesar de la transformación tecnológica, la mentalidad que produce el contenido para las nuevas plataformas no se ha modificado (Smith, 2009).

Las MD en un entorno digital mantienen una expresa voluntad educativa abierta y activa. A partir de la idea de contenedor de materiales o recursos didácticos,[2] en formato digital y accesibles a través de la red u otros medios tecnológicos, estos se diseñan o agrupan con un mismo hilo conductor para consolidar un aprendizaje específico, aunque no siempre hayan estado creados con esta finalidad. Esta idea de agrupación de materiales y recursos digitales conecta conceptualmente las MD digitales a los entornos personales de aprendizaje (PLE).[3]

> Aunque actualmente no está en funcionamiento por obsolescencia tecnológica, durante más de doce años, Museum Box representó una fantástica opción para la creación de lo que podríamos considerar una MD en su versión digital. Pensada para un contexto escolar, el registro web gratuito permitía la creación de pequeños escritorios personalizados que funcionaban como contenedores de documentos, vídeos, imágenes, enlaces, etc.

[2] Se ha decidido incluir la doble variante de material y recurso didáctico digital entendiendo por *material* cualquier tipo de información o directriz generada con una finalidad expresamente educativa; mientras que *recurso* haría referencia a los elementos que se utilizan en contexto educativo cuya función es facilitar los procesos de enseñanza-aprendizaje, aunque no hayan sido diseñados expresamente con tal fin (Marqués, 2000).

[3] PLE (Personal Learning Environment) es un conjunto de herramientas, fuentes de información, conexiones y actividades que cada persona utiliza de forma asidua para aprender (Adell y Castañeda, 2010).

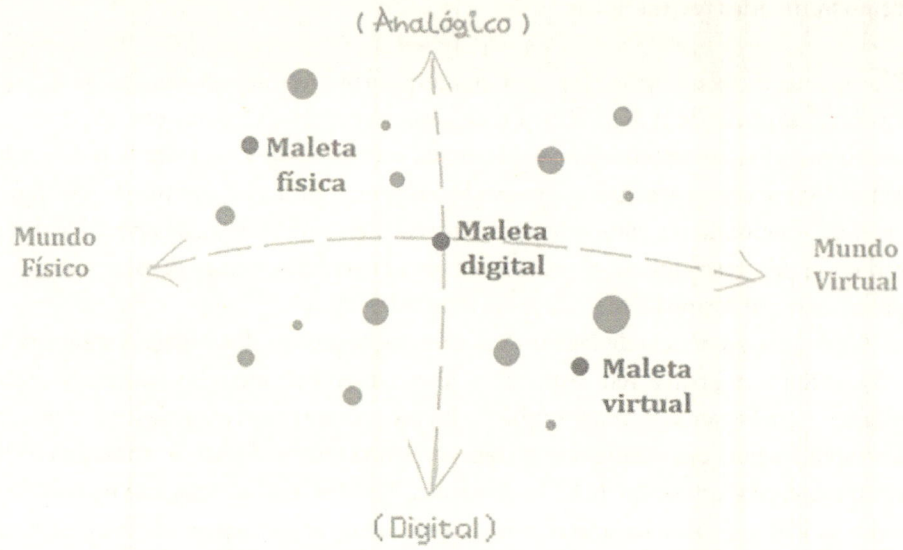

Figura 38. Gráfica de coordenadas en la que se presentan las tres grandes tipologías de MD
y otras posibles combinatorias. Fuente: elaboración propia.

Una propuesta de clasificación de las MD

En relación con las MD, podríamos definir tres grandes tipologías: la física, la digital
y la virtual. Aunque estas tipologías no son absolutas, pues a partir de ellas se puede
dibujar un número indeterminado de combinaciones, únicamente condicionadas
por los requerimientos técnicos y pedagógicos que se quieran imponer, planteando
diferentes posibilidades en cuanto a su coincidencia de intersección e intensidad
(figura 38).

Muchas de las propuestas que se han visto en capítulos anteriores se conciben para
un uso exclusivo en un espacio físico, mientras que otras han adaptado algunos materiales físicos al formato digital, digitalizándolos o utilizando puntualmente recursos
digitales, como elementos complementarios de la maleta física. Sirva como ejemplo
el caso las MD físicas que ofrece la Filmoteca de Catalunya y el Museu del Cinema de
Girona «La màgia de l'animació» y «7 de Cinema».

La MD en entornos digitales puede funcionar como elemento mediador entre lo
analógico y lo digital, o bien sumergirnos directamente en lo virtual, facilitando la comprensión de los contenidos y estimulando tareas de investigación y descubrimiento.

La md digital

Sin entrar en disquisiciones filosóficas más profundas —como las planteadas por Debray, Deleuze o Lévy sobre imagen y virtualidad—, tomamos como punto de partida las ideas de Malraux (2017) en torno a los procesos de descontextualización y recontextualización, entendiendo lo virtual como lo hace Deloche (2002) al pensar que, aunque comporta siempre un proceso de sustitución, lo virtual debe desligarse deliberadamente de la función de representación. Por ello, y teniendo en cuenta que en un contexto digital educativo deberíamos poner siempre el foco más en la funcionalidad que en la simple apariencia, una md digital va un paso más allá y adapta todo o parte del material al formato digital, ya sea a través de la propia digitalización de objetos o materiales reales, de la generación de nuevos materiales o bien recolectando recursos digitales ya existentes con expresa voluntad educativa.

Un ejemplo de esta variante sería la md en línea «7 de cinema virtual» (2020) de la Filmoteca de Catalunya, la versión digital surgió después de la versión física, adaptando la información para facilitar un acceso compartido en red (documentos en formato PDF, ficheros de sonido e imagen, vídeos tutoriales...), aunque las actividades han continuado llevándose a cabo mayoritariamente en un contexto físico.

En el ámbito internacional, podemos mencionar el baúl de herramientas y las maletas viajeras «La Paz se toma la palabra» de la Red de Bibliotecas del Banco de la República de Colombia. En el caso del baúl, se combinan herramientas físicas y digitales, mientras que las maletas viajeras se presentan como solución de accesibilidad articulando todos los contenidos a través de un sitio web para promocionar la lectura en localidades remotas, pero siempre con un desarrollo físico.

Por último, cabe destacar el caso de los «Kits pédagogiques» del Centre Pompidou de París: son descargables de forma gratuita desde el sitio web del museo, concebidos como herramientas didácticas para ser utilizadas físicamente en el centro escolar. En una línea similar encontramos algunos de los kits didácticos en la plataforma *online* de la Red PLANEA de arte y escuela.

La md virtual

La md virtual sería aquella concebida para un despliegue total en el espacio digital, que permite una interacción más libre y experiencial con los materiales y recursos. Estas propuestas se presentan como alternativa integral a la versión física, sin tratar de traducir las propuestas analógicas en digitales ni utilizar la digitalización con una mirada meramente instrumental. En la mayoría de los casos, el aprendizaje se realiza principalmente por descubrimiento (Reese, 2011), a través de la interacción directa, por lo que requieren un entorno más activo de aprendizaje. Tanto el planteamiento como el desarrollo de las propuestas se produce en espacios virtuales de aprendizaje —aunque no lleguen a conformarse propiamente como entornos virtuales de aprendizaje (EVA)—, convirtiéndose en propuestas más inmersivas y envolventes, especialmente si se genera un espacio tridimensional[4] con objetos virtuales y se facilita la interacción de varios usuarios en línea.

Hay que tener en cuenta que una vez adentrados en el mundo digital, los límites se desdibujan y las barreras con las que etiquetamos un recurso u otro aparecen difusas o superpuestas. Por ello, aunque no responden directamente a esta categoría tipológica, podríamos mencionar, por ejemplo, «Google Arts&Culture» por su expresa voluntad educativa al ofrecer materiales y recursos digitalizados (textos, mapas, audios, galerías de imágenes, vídeos, objetos en 2D y 3D, panorámicas de 180° o 360°, juegos, apps, RA, RV, etc.) con metadatos que permiten indexar los contenidos, lo que facilita una mayor personalización; el proyecto *The Europeana Digital Service Infrastructure-Europeana DSI-4* que permite a docentes crear y compartir sus propios espacios de aprendizaje.

Otra propuesta que podríamos considerar cercana al concepto de MD virtual sería la versión en línea de «Intangibles. Una exposición digital de la Colección Telefónica» (2019). La versión física del proyecto expositivo se complementa con experiencias que utilizan diferentes tecnologías *in situ* (VR, fotogrametría, *videomapping*, 3D, *software* de detección de movimiento, tecnología de análisis y procesado de la imagen, etc.) para interpretar digitalmente la obra presentada. La exposición virtual, por otra parte, permite una visita digital individualizada a través de una navegación experimental de 360°—accesible desde ordenador o móvil—, lo que permite una libre interacción con diferentes experiencias digitales; además ofrece una contextualización histórico-artística y permite compartir e intercambiar impresiones instantáneamente.

Finalmente, dentro de los recursos que podría ofrecer una MD virtual, también deberíamos contemplar el uso de «extensiones digitales», como gafas, guantes u otros dispositivos conectados a móviles, ordenadores, tabletas o consolas. En el caso de la National Gallery of Prague (2018), por ejemplo, a través de gafas de RV y tecnología neurodigital utiliza ondas de multifrecuencia para estimular una respuesta táctil que permite percibir un objeto virtual a través de guantes hanópticos, o el proyecto «El MUV en la escuela rural» del Museo Virtual de la Fundación María José Jove, una iniciativa para acercar el arte a través de la realidad virtual a las escuelas de zonas rurales de Galicia.

---

[4] La plataforma *Second Life,* surgida en 2003 como plataforma de entretenimiento, acabó permitiendo el desarrollo de versiones virtuales de museos como el Louvre. Otra plataforma educativa gratuita similar más actual es *Educa360* (disponible en línea en <https://educa360.org/>), que permite crear experiencias inmersivas de aprendizaje personalizadas en mundos virtuales.

Posibilidades de las versiones digitales

El avance de la tecnología, la popularización de las redes sociales y la aparición de nuevos canales de comunicación 2.0 han cambiado la forma que tenemos de comunicarnos, han pasado en poco tiempo de una actitud estática y pasiva a otra totalmente interactiva, más participativa, inmersiva y envolvente, que facilita además la adaptación a diferentes cuestiones.

Ciertamente, la creación de estos recursos puede verse frenada por condicionantes económicos, tecnológicos o pedagógicos, como la necesidad de un espacio digital propio bien configurado que responda a los objetivos planteados, la preservación de los contenidos digitales a largo plazo, los derechos de uso, la obsolescencia tecnológica, etc. Pero estas posibles limitaciones no eclipsan el beneficio que conlleva un cambio digital planteado con amplitud de miras, capaz de promover innovaciones significativas en los procesos y generar nuevas dinámicas y comportamientos, modelando adecuadamente las interacciones para generar nuevos modelos abiertos de aprendizaje, más flexibles y accesibles.

La mayoría de los museos disponen actualmente de excelentes materiales y recursos digitales en sus propios sitios web —visitas virtuales, galerías interactivas, juegos en RV y otras experiencias didácticas interactivas más elaboradas como sucede en museos tan significativos como el Museo Nacional del Prado o el Museo Louvre— que podrían fácilmente configurarse como MD en entornos digitales. Con ciertas adaptaciones y una unidad temática, podrían funcionar como versiones digitales, lo que permitiría dinamizar su función educativa y consolidar una estrategia digital personalizada, actualmente deficiente y mal estructurada en la mayoría de los casos.

Los museos y equipamientos culturales, especialmente los de titularidad pública, tienen un compromiso social que debe revertir en beneficio de todos, y su papel educativo debe cambiar para enfrentarse activamente a los desafíos actuales. «No solo deben utilizar nuevos métodos, sino erigirse, además, en nuevos intermediarios» (Unesco, 1984, p. 177) para ofrecer respuesta a un nuevo contexto mundial de aprendizaje que requiere no solo nuevas prácticas, sino también nuevos puntos de vista (Unesco, 2015).

Y, en última instancia, no hay que olvidar que invertir en soluciones digitales puede mejorar fácilmente la accesibilidad de personas con dificultades físicas o intelectuales y de aquellas otras con desventajas económicas o sociales, lo que permite alternativas más inclusivas de forma más rápida y económica.

Glosario

AICE: Asociación Internacional de Ciudades Educadoras. Fundada en 1994, es una asociación sin ánimo de lucro, constituida como una estructura permanente de colaboración entre los gobiernos locales comprometidos con la Carta de Ciudades Educadoras. Cualquier gobierno local que acepte este compromiso puede convertirse en miembro activo de la asociación, con independencia de sus competencias administrativas.

Biblioteca escolar: espacio pedagógico que aglutina, organiza y utiliza textos de todo tipo para la adquisición de las competencias lectora y literaria y la formación en el uso de la información del alumnado de los distintos niveles de enseñanza y aprendizaje.

Campos y entornos de aprendizaje (CdA/EdA): cada uno de los servicios educativos de soporte curricular del Departament d'Educació de la Generalitat de Catalunya que desarrollan sus actividades en espacios singulares, desde el punto de vista natural o histórico, y que ofrecen actividades educativas innovadoras.

Centro de Recursos Pedagógicos (CRP): cada uno de los servicios educativos que dependen del Departament d'Ensenyament de la Generalitat de Catalunya creados para dar soporte a los centros educativos; tienen un papel importante tanto en la creación como en la difusión y gestión de préstamos de MD.

Ciudades Creativas: red de ciudades creada en el año 2004 en el marco de la Unesco. Su objetivo es fomentar la cooperación interurbana para identificar y emplear estrategias para el desarrollo urbano sostenible basadas en la industria creativa de las ciudades.

Ciudad Educadora: aquella ciudad que apuesta por la educación a lo largo de la vida como herramienta de transformación social, movilizando y articulando el máximo número posible de agentes educativos que inciden en el territorio y situando la educación como eje central del proyecto de ciudad.

Descubrimiento guiado: concepto desarrollado por Jerome Seymour Bruner, quien considera que los estudiantes deben aprender a través de un descubrimiento guiado por el docente, que tiene lugar durante una exploración motivada por la curiosidad. El objetivo final del aprendizaje por descubrimiento es que los alumnos lleguen a aprender de un modo activo y constructivo.

Entorno personal de aprendizaje (PLE): espacio basado en una gestión autorregulada del conocimiento que permite seleccionar, organizar y compartir herramientas, materiales y recursos disponibles en internet y compartirlos con otras personas.

Entornos virtuales de aprendizaje (EVA): espacio diseñado para facilitar procesos virtuales de enseñanza-aprendizaje que permite la interacción y el intercambio de información de forma asíncrona o síncrona.

Fuentes históricas: son todos aquellos vestigios que han llegado hasta nuestros días que reflejan la actividad de las diferentes sociedades que se han desarrollado a lo largo de la historia y que permiten a los historiadores reconstruir el pasado. Las fuentes históricas se clasifican en primarias —son de carácter directo, nos ofrecen información de primera mano, ya que son coetáneas a los hechos o periodos investigados— y secundarias —son de carácter indirecto, se elaboran a partir del análisis y la interpretación de las fuentes primarias y generalmente son elaboradas con posterioridad a los hechos o periodos que tratan—. Además, según su naturaleza pueden ser documentales —textuales, visuales y audiovisuales—, materiales u orales.

Investigación escolar: estrategia que favorece la construcción de conocimiento significativo en el alumnado; en ese proceso, de forma complementaria, la investigación misma se convierte en objeto de aprendizaje.

Maleta didáctica: artefacto móvil y autónomo con finalidad didáctica que contiene en su interior diversos recursos educativos agrupados bajo un mismo concepto que permiten abordar un tema concreto y la consecución de unos objetivos previamente establecidos.

Maleta lectora: recurso que está compuesto de textos de diferentes tipologías relacionados con un centro de interés o núcleo temático.

Maleta viajera: recurso del cual disponen los estudiantes para compartir la lectura de textos y otros elementos de lectura con sus familias y otros agentes lectores.

Museo escolar: espacio pedagógico que almacena, investiga, expone y dinamiza una colección de objetos para su uso educativo.

Usabilidad: eficacia percibida por la persona que utiliza una herramienta en relación con su uso en un contexto tecnológico.

Bibliografía[1]

ADELL, J. y L. CASTAÑEDA (2010): «Los entornos personales de aprendizaje (PLE): una nueva manera de entender el aprendizaje», en R. Roig y M. Fiorucci (eds.): *Claves para la investigación en innovación y calidad educativas. La integración de las Tecnologías de la Información y la Comunicación y la Interculturalidad en las aulas*, Alcoy: Marfil-Roma TRE Universita degli studi, disponible en línea en <https://digitum.um.es/digitum/handle/10201/17247>.

AGERMANAMENT SENSE FRONTERES (2 de julio de 2019): *Estrenem maleta pedagógica*, disponible en línea en <https://agermanament.org/estrenem-maleta-pedagogica/#>.

AICE (2020): *Educating Cities,* disponible en línea en <https://www.edcities.org/carta-de-ciudades-educadoras/>.

ÁLVAREZ DOMÍNGUEZ, P. (2017): «Nuevas maneras de enseñar y aprender Teoría de la Educación en el EEE. Maletas educativas como recurso didáctico», *Profesorado. Revista de Currículum y Formación del Profesorado,* 21 (2), 505-532, disponible en línea en <https://recyt.fecyt.es/index.php/profesorado/article/view/59816>.

ARCOS-PUMAROLA, J. (2019a): «Assessing Literary Heritage Policies in the Context of Creative Cities», *Journal of Spatial and Organizational Dynamics,* 7 (4), 275-290.

— (2019b): *El patrimoni literari com a recurs turístic i educatiu: anàlisi de les destinacions literàries,* tesis doctoral no publicada, Universitat de Lleida.

AREA, M. (2004): *Los medios y las tecnologías en la educación,* Ediciones Pirámide.

AREA, M., B. GROS y M. A. MARZAL (2008): *Alfabetizaciones y tecnologías de la información y la comunicación,* Síntesis.

ARMENGOL, M. (2000): «Maletas didácticas. El museo viaja a la escuela», *Íber. Didáctica de las Ciencias Sociales, Geografía e Historia,* 23, 103-112.

AUSUBEL, D. P., J. D. NOVAK y H. HANESIAN (1983): *Psicología educativa: un punto de vista cognoscitivo,* Trillas.

---

[1] Todos los enlaces fueron revisados el 8 de noviembre de 2023.

BIBLIOTECA LA OLIVA (s. f.): *Maletas viajeras infantil,* disponible en línea en <https://tinyurl.com/dnkwxzp9>.

BIBLIOTECA PÚBLICA PEDRO LAÍN ENTRALGO (s. f.): *Maletas viajeras,* disponible en línea en <https://tinyurl.com/yckdha39>.

BLANCO, J. y J. DENTONE (2018): *Aprendizajes móviles. Informe sobre artefactos y recursos didácticos móviles,* Museu d'Art Contemporani de Barcelona y Fundación Daniel y Nina Carasso, disponible en línea en <https://allez.macba.cat/wp-content/uploads/2019/02/Aprendizajes-Moviles-Allez.pdf>.

BOSTON CHILDREN'S MUSEUM. (2019): *Kits Collection,* Boston Children's Museum Archives, disponible en línea en <https://www.bostonchildrensmuseum.org/sites/default/files/pdfs/museumarchives/A%202019.9-Kits%20Collection.pdf>.

CASTELNUOVO, E. (1972): *Documenti di un'esposizione di matematica: da bambini a uomini,* Boringhieri.

CERAI, CENTRO DE ESTUDIOS RURALES Y DE AGRICULTURA INTERNACIONAL (2020): *La maleta pedagógica. Proyecto «Somos lo que comemos»,* disponible en línea en <https://cerai.org/organizacion/>.

CIRERA, A. (2019): *Diàlegs d'art entre l'educació no formal i la formal. El cas del Laboratori de les Arts de la Fundació La Caixa,* tesis doctoral, Universitat de Barcelona, disponible en línea en <http://hdl.handle.net/10803/670000>.

COMA, L. y J. SANTACANA (2010): *Ciudad educadora y patrimonio. Cookbook of heritage,* Gijón: Trea.

— (2017): *Ciudad Educadora y Turismo Responsable,* Gijón: Trea.

COMISIÓN TÉCNICA DE COOPERACIÓN DE BIBLIOTECAS ESCOLARES. CONSEJO DE COOPERACIÓN BIBLIOTECARIA (2021): *Informe febrero 2021,* Subdirección General de Cooperación Territorial e Innovación Educativa (SGCTIE), Ministerio de Educación y Formación Profesional, disponible en línea en <https://tinyurl.com/vky8dy>.

CONILL, M. (2020): *Ciudad Educadora y Turismo Responsable: Binomio de reflexión en torno la convivencia, el patrimonio y la identidad ciudadana,* tesis doctoral no publicada, Universitat de Barcelona.

CORWIN, R. (1972): «Discovery Boxes», *Educational Technology,* 12 (9), 72-73.

COSSÍO, M. B. (1886): «El Museo Pedagógico de Madrid», en *Museo Pedagógico de Instrucción Primaria. Documentos para su historia. Legislación. Organización. Memoria de sus trabajos,* Fortanet, pp. 21-28.

DE LOS ÁNGELES, M. y M. A. POZO (1986): «Una maleta en préstamo», *Cuadernos de pedagogía,* 134, 25-27.

DELOCHE, B. (2002): *El museo virtual. Hacia una estética de las nuevas imágenes,* Gijón: Trea.

DEPARTAMENT DE TREBALL, AFERS SOCIALS I FAMÍLIES (s. f.): *Maleta pedagògica per a formadors del programa Lletres per a Tothom,* disponible en línea en <https://tinyurl.com/y55d5y6w>.

DURBAN, G. (2010): *La biblioteca escolar, hoy. Un recurso estratégico para el centro*, Graó.

EGEA, A. y L. ARIAS (2018): «Aprendizaje basado en objetos en educación secundaria: primeros resultados de una experiencia didáctica», en E. López, R. García y M. Sánchez-Agust (coords.): *Buscando formas de enseñar: investigar para innovar en didáctica de las ciencias sociales*, Ediciones Universidad de Valladolid, pp. 941-954.

FALK, J. H. y L. D. DIERKING (2010): «The 95 Percent Solution», *American Scientist*, 98, 486-493.

FAURE, E. (1973): *Aprender a ser*, Alianza Editorial-Unesco.

FELIU, T. y F. X. HERNÀNDEZ (2011): *12 ideas clave: enseñar y aprender historia*, Graó.

FERNÁNDEZ, J. y M. SORIANO (2006): «La Dama d'Elx i la cultura ibèrica: una proposta didàctica per a treballar a l'aula», *La Rella*, 19, 289-306.

FILMOTECA DE CATALUNYA (s. f.): *Maletas didácticas*, disponible en línea en <https://filmoteca.cat/web/es/node/121>.

GARCÍA BLANCO, A. (1994): *Didáctica del museo. El descubrimiento de los objetos*, De la Torre.

GEE, J. P. (1999): «Reading and the new literacy studies: Reframing the National Academy of Sciences Report on Reading», *Journal of Literacy Research*, 31 (3), 335-374, disponible en línea en <https://doi.or/10.1080/10862969909548052>.

GIRARDET, S. (1999): «El Musée en Herbe: experiencias didácticas para los niños», en C. Dominguez, J. Estepa y J. M. Cuenca (coords.): *El museo. Un espacio para el aprendizaje*, 14-17, Universidad de Huelva Collectánea, 20.

GONDWE, M. y N. LONGNECKER (2015): «Objets as stimuli for exploring young people's views about cultural and scientific knowledge», *Science, Technology & Human Values*, 40 (5), 766-792.

HERNÀNDEZ, F. X. (2007): «Museografía Didáctica», en J. Santacana y N. Serrat (eds.): *Museografía didáctica*, Ariel, pp. 23-61.

— (2011): *Didáctica de las ciencias sociales, geografía e historia*, Graó.

JIMÉNEZ MARTÍNEZ, L. (2012): «La animación a la lectura en las bibliotecas… La construcción de un cambio hacia la lectura», *Boletín de la Asociación Andaluza de Bibliotecas*, 103, 59-78.

KOLB, D. A. ([1984] 2015): *Experiential Learning: Experience as the Source of Learning and Development*, Pearson FT Press.

LAVADO, P. J. (2013): «Maleta didáctica de arte mudéjar. Una oferta para el aula y el público en general», en M.ª I. Alvaro, C. Lomba y J. L. Pano (coords.): *Estudios de historia del arte: libro homenaje a Gonzalo M. Borrás Gualis*, Institución Fernando el Católico, pp. 423-437.

LEVI, P. y T. REGGE (1987): *Dialogo*, Giulio Einaudi.

LEYDET, D. (2017): *Citizenship*, The Stanford Encyclopedia of Philosophy, Edward N. Zalta (ed.), disponible en línea en <https://plato.stanford.edu/archives/fall2017/entries/citizenship/>.

LINARES, M., L. DÁVILA y A. C. SILVAR (1996): *Maleta pedagógica para personal de enfermería en salud reproductiva: presentación*, UNFPA.

Llonch-Molina, N., G. Gassol-Quílez, I. Berengué, E. Falguera, C. López-Basanta, V. Parisi-Moreno, C. Roger-Goncé, A. Romer, M. Sabaté y M. Selfa (2020): *Manual pràctic per a la catalogació dels objectes del museu escolar*, Universitat de Lleida, Institut de Ciències de l'Educació, disponible en línea en <http://hdl.handle.net/10459.1/70074>.

Llonch, N. y V. Parisi (2016): «Contribuciones a la didáctica de la Historia a través del método de análisis del objeto: como ejemplo… una "vasulla"», *Panta Rei. Revista Digital de Ciencia y Didáctica de la Historia*, 111-124, disponible en línea en <https://doi.org/10.6018/pantarei/2016/7>.

lolylj (s. f.): *Proyecto Maleta Viajera Biblioteca CEIP Virgen de Consolación*. Calmeo, disponible en línea en <https://es.calameo.com/books/0050386475b12b769f9c7>.

Mahwasane, N. P. (2016): «The Indispensable Roles of the School Librarian in a School: A Brief Review», *Journal of Social Sciences*, 51 (1-3), 65-69, disponible en línea en <doi.org/f8vq>.

Malraux, A. (2017): *El museo imaginario*, Ediciones Cátedra.

Manekenek (2017): *Maleta pedagógica «Biodiversidad»*, disponible en línea en <https://tinyurl.com/sxp87y2d>.

Manzano, M. (1989): *Teoría de modelos*, Alianza.

Marker, D. (2002): *Model Theory: An Introduction*, Springer-Verlag.

Marqués, P. (2000): *Los medios didácticos: componentes, tipología, funciones, ventajas, evaluación*, disponible en línea en <https://peremarques.net/medios.htm>.

Martínez, T. y C. Martín (2019): «La innovación didáctica aplicada a la arqueología y transferida a la educación artística: las EduLabCase y el aprendizaje procedimental y metodológico», *Enseñanza de las ciencias sociales: revista de investigación*, 18, 77-89, disponible en línea en <https://doi.org/0.1344/ECCSS2019.18.6>.

Medina, D. (2017): *Expressart. Museu portàtil*, Museu d'Art Contemporani de Barcelona i Fundación Daniel & Nina Carasso, disponible en línea en <https://tinyurl.com/v7tr67nk>.

Monteagudo, E. y E. M. Muñoz (2017): «Concepto y objeto. La caja de artista como recurso interdisciplinar en educación primaria», *Educatio Siglo XXI*, 35, 341-364.

Mora, F. (2009): *Cómo funciona el cerebro*, Alianza.

Nielsen Norman Group (2012): *Usability 101: Introduction to Usability*, disponible en línea en <https://www.nngroup.com/articles/usability-101-introduction-to-usability/>.

Parcerisa, A. (2006): «Materiales didácticos de los museos: un recurso para el aprendizaje», *Aula de Innovación Educativa*, 148, 23-27.

Parisi-Moreno, V., N. Llonch-Molina y M. Selfa (2019): «Bibliotecas escolares, museos escolares y competencia informacional: una propuesta de trabajo interdisciplinar en la formación de maestros de educación infantil», A S. Alonso, J. M. Romero, C. Rodríguez-Jiménez y J. M. Sola (eds.): *Investigación, innovación docente y TIC: nuevos horizontes educatives*, Dykinson, pp. 1872-1882.

— (2020): «Information Literacy Instruction in Early Childhood Education: The School Museum», *Literacy*, 55 (2), 83-90, disponible en línea en <https://doi.org/10.1111/lit.12238>.

— (2020): «Bibliotecas escolares revisión bibliográfica sistematizada y análisis de la producción científica (2010-2019)», *Ocnos. Revista de estudios sobre lectura*, 19 (1), 32-42, disponible en línea en <https://doi.org/fqzk>.

Parisi-Moreno, V. y N. Llonch-Molina (2020): «Museo escolar, el gran olvidado en la didáctica de las ciencias sociales y demás áreas curriculares», A J. Prats, I. Sáez-Rosenkranz y E. Barriga-Ubed (coords.): *Historia, patrimonio, arte y ciudadanía. Aportaciones desde la educación*, Uno Editorial, pp. 529-539, disponible en línea en <http://diposit.ub.edu/dspace/handle/2445/170576>.

— (29 de abril de 2021): «El museo escolar como recurso de enseñanza-aprendizaje de las ciencias sociales en la formación inicial de maestros», *XXXI Simposio Internacional de Didáctica de las Ciencias Sociales*, presentación de comunicación.

Portela, A. (2021): *El objeto como recurso didáctico en museos y centros de arte contemporáneo en España. Análisis y clasificación de propuestas y usos*, tesis doctoral, Universitat de Barcelona, disponible en línea en <http://hdl.handle.net/10803/671731>.

Prats, J. y J. Santacana (2011a): «Los contenidos en la enseñanza de la historia», en J. Prats (coord.): *Didáctica de la geografía y la historia*, Ministerio de Educación, Cultura y Deporte, Secretaría General Técnica, Graó, pp. 31-50.

— (2011b): «Por qué y para qué enseñar historia», n J. Prats (coord.): *Didáctica de la geografía y la historia*, Ministerio de Educación, Cultura y Deporte, Secretaría General Técnica, Graó, pp. 13-29.

— (2011c): «Trabajar con fuentes materiales en la enseñanza de la Historia», en J. Prats (coord.): *Geografía e historia: investigación, innovación y buenas prácticas*, Ministerio de Educación, Cultura y Deporte, Secretaría General Técnica, Graó, pp. 11-38.

Reading Museum (s. f.): *Memory Boxes*, Reading Museum, disponible en línea en <https://www.readingmuseum.org.uk/get-involved/memory-boxes-0>.

— (2017): *All about the loan service*, Reading Museum, disponible en línea en <https://www.readingmuseum.org.uk/blog/all-about-loan-service>.

Red de Escuelas de Ciudadanía (2016): *Maleta pedagógica. Un equipaje para la interculturalidad*, disponible en línea en <https://tinyurl.com/mjwp9ryk>.

Reese, H. W. (2011): «The learning-by-doing principle», *Behavioral Development Bulletin*, 17 (1), 1-19.

Rey, F. (2008): *Utilización de los mapas conceptuales como herramienta evaluadora del aprendizaje significativo del alumno universitario en ciencias con independencia de su conocimiento de la metodología*, tesis doctoral, Universidad Ramón Llull, disponible en línea en <https://www.tdx.cat/handle/10803/9267>.

Sallés, N. y J. Santacana (2016): «Los grupos de innovación educativa en la Enseñanza de la Historia en España: Análisis póstumo de los resultados de la aplicación del método por descubrimiento y estado de la cuestión de los aprendizajes por descubrimiento», *Educatio Siglo XXI*, 34 (2), 145-166, disponible en línea en <https://doi.org/10.6018/j/263851>.

SÁNCHEZ-TABERNERO, M., R. LÓPEZ, L. M. CENCERRADO, V. ARELLANO, M. A. PRADERA, C. LORENZO, M. J. ILLESCAS y N. BERNABEU (s. f.): *Bibliotecas escolares. Formación en Red*, CD Room, Ministerio de Educación y Formación Profesional, disponible en línea en <https://tinyurl.com/nscbc32c>.

SANTACANA, J. y N. LLONCH (2012): *Manual de didáctica del objeto en el museo*, Gijón: Trea.

SANTACANA, J., N. LLONCH y C. MARTÍN (2018): «Aprender ciencias a través de la arqueología prehistórica: una experiencia didáctica con kits educativos en el museo», *ETD-Educação Temática Digital, 20* (3), disponible en línea en <604-622. https://doi.org/f7gj>.

SANTACANA, J., V. LÓPEZ y T. MARTÍNEZ (coords.) (2017): *La ciencia que no se aprende en la Red. Modelos didácticos para motivar el estudio de las ciencias a través de la arqueología*, Graó.

SCHWARTZ, J. P. (2008): «Object Lessons: Teaching Multiliteracies through the Museum», *College English, 71* (1), 27-47, disponible en línea en <https://doi.org/10.2307/25472303>.

SEIXAS, S. R. y L. FERNANDES (2012): «Prevenção do bullying em meio escolar: apresentação de uma maleta pedagógica», en L. Mata, F. Peixoto, J. Morgado, J. Castro Silva, V. Monteiro (orgs.): *12º Colóquio de Psicologia e Educação subordinado ao tema «Educação, Aprendizagem e Desenvolvimento: Olhares Contemporâneos através da Investigação e da Prática»*, ISPA-Instituto, pp. 1484-1491, disponible en línea en <Universitário. https://tinyurl.com/f3hybyzd>.

SERRANO, M. (2016): «"Las meninas viajeras" como proyecto educativo: uno de los proyectos pioneros en España», en *XX Actas 18 DEAC Jornadas de Museos*, Museo Nacional del Prado, pp. 197-206, disponible en línea en <https://content.cdnprado.net/doclinks/pdf/deac/actas-18-DEAC.pdf>.

SERRAT, N. (2005): «Acciones didácticas y de difusión en museos y centros de interpretación», en J. Santacana y N. Serrat (eds.): *Museografía Didáctica*, Ariel. pp. 103-206.

SMITH, L. (2009): «The Future of Mobile Interpretation», en J. Trant y D. Bearman (eds): *Museums and the Web 2009: Proceedings*, Toronto: Archives & Museum Informatics, disponible en línea en <https://www.museumsandtheweb.com/mw2009/papers/smith/smith.html>.

SRINIVASAN, R., K. M. BEEVAR, R. BOAST y J. ENOTE (2010): «Diverse knowedges and contact zones within the digital museum», *Science, Technology & Human Values, 35* (5), 735-768.

SUS PEQUEÑOS PASOS (23 de septiembre de 2016): *Maleta pedagógica. Periodo de adaptación*, disponible en línea en <https://tinyurl.com/4tuj9wu6>.

SYLVESTER, D. (1980): *Schools Council History 13-16 Project*, Holmes McDougall.

TURNER, C. (2019): *Remembering the Kit Department and its pioneering loan service*, Boston Children Museum.

UGARTE, A. y P. TORRES (2017): «Maleta didáctica para reconstruir la Historia de México. Un recurso para la interpretación del patrimonio», en E. Galicia, F. Quiles y Z. Ruiz (eds.): *Acervo mexicano. Legado de culturas*, Benemérita Universidad Autónoma de Puebla, pp. 220-233.

Uned (s. f.): *Bibliotecas escolares. Curso académico 2020-2021,* disponible en línea en <https://tinyurl.com/59nnk35e>.

Unesco (1984): «El Museo como educador», *Museum, 144,* 36 (4), 176-183, disponible en línea en <https://unesdoc.unesco.org/ark:/48223/pf0000127343_spa>.

— (2015): *Replantear la educación. ¿Hacia un bien común mundial?,* disponible en línea en <http://unesdoc.unesco.org/images/0023/002326/232697s.pdf>.

Enlaces

«7 de Cinema en línea», Filmoteca de Catalunya, disponible en línea en <https://www.filmoteca.cat/web/es/node/41719>.

«Big Valise», Museo Thyssen-Bornemisza, disponible en línea en <https://www.educathyssen.org/profesores-estudiantes/musarana/big-valise>.

«ExpressArt» (macba), disponible en línea en <https://www.macba.cat/es/exposiciones-actividades/actividades/expressart-museo-portatil-8>.

«Kits Pédagogiques», Centre Pompidou, disponible en línea en <https://www.centrepompidou.fr/fr/offre-aux-professionnels/enseignants/ressources-educatives-en-ligne/kits-pedagogiques#809>.

«La Ciencia que no se aprende en la Red», disponible en línea en <https://tallerdeprojectes.wixsite.com/metodocientificoDetalle/1258120720260/_/1284193820151/Comunicacion>

<https://tallerdeprojectes.wixsite.com/metodocientifico>.

«El derecho de asilo. Todas las personas podemos ser refugiadas», disponible en línea en <https://tinyurl.com/n987xfsn, http://escolesrefugi.com/>.

«Historias fotográficas. Maleta pedagógica», disponible en línea en <https://tinyurl.com/4s65ucn4>.

Maleta «Dan Dan Dansa», disponible en línea en <https://tinyurl.com/6mwjpvpa>.

«Maleta feminista para trabajar los ods», disponible en línea en <https://tinyurl.com/48nx75nt

«Maleta literaria: cuentos para un planeta», disponible en línea en <https://tinyurl.com/5ee3549t>.

Maleta pedagógica «De l'Hort a casa», disponible en línea en <https://tinyurl.com/3p9ra8dp>.

«Maleta pedagógica coeducativa», disponible en línea en <https://tinyurl.com/3y3autrb>.

md «El Consell de Savis», Museu d'Història de Catalunya, disponible en línea en <https://www.mhcat.cat/educacio/recursos_i_materials_didactics_>.

md «Els Primers Artistes», Museu Arquològic d'Eivissa i Formentera, disponible en línea en <https://maef.eu/ca/recursos-didactics/>.

MD «La caixa de l'àvia Maria», Cesire Barcelona, disponible en línea en <https://sites.google.com/xtec.cat/caixa-de-l-avia-maria/inici>.

MD «La màgia de l'animació», Museu del Cinema de Girona y Filmoteca de Catalunya, disponible en línea en <https://museudelcinema.girona.cat/cat/educacio_programacio_>.

MD «La Paz se toma la palabra», Banco de la República de Colombia, disponible en línea en <https://proyectos.banrepcultural.org/proyecto-paz/blog/celebremos-el-d%C3%ADa-del-libro-con-maletas-viajeras-virtuales>.

MD «MACOSA», Arxiu del Districte de Sant Martí, disponible en línea en <https://ajuntament.barcelona.cat/arxiumunicipal/ca/arxius-municipals-de-districte-1/sant-marti/maleta-didactica-de-macosa>.

MD «Moneta Legionis», Museo de León, disponible en línea en <http://museoscastilla-yleon.jcyl.es/web/jcyl/MuseoLeon/es/Plantilla100/>.

MD «Mujeres científicas», disponible en línea en <https://tinyurl.com/tabzk54w>.

MD «Universo Internet», CCCB, disponible en línea en <http://www.cccbeducacio.org/web/guest/activitats/-/institut/a_29301>.

MD Mare Nostrum, disponible en línea en <https://tinyurl.com/3seexpsm>.

MD versión *online* «Dan Dan Dansa», Mercat de les Flors, disponible en línea en <https://mercatflors.cat/es/maleta-didactica-version-online/>.

MMI-Maletín pedagógico «Mimi y la Jirafa azul», disponible en línea en <https://www.nexefundacio.org/es/maleta-pedagogica/>.

Otros enlaces de interés

Carta de Ciudades Educadoras, disponible en línea en <https://www.edcities.org/carta-de-ciudades-educadoras/>.

Europeana, disponible en línea en <https://www.europeana.eu/en>.

Google Arts y Cultura, disponible en línea en <https://artsandculture.google.com/>.

«Intangibles. Una exposición digital de la Colección Telefónica», disponible en línea en <https://espacio.fundaciontelefonica.com/evento/intangibles-una-experiencia-digital-de-la-coleccion-telefonica/>.

Musée en Herbe, disponible en línea en <http://www.musee-en-herbe.com/>.

National Gallery Prague, disponible en línea en <https://www.youtube.com/watch?v=kyfhQZZyDLo>.

Obra Museum of Drawers de Herbel Distel, MOMA, disponible en línea en <https://www.moma.org/interactives/exhibitions/1999/muse/artist_pages/distel_drawers.html>.

Red de Ciudades Creativas de la Unesco, disponible en línea en <https://en.unesco.org/creative-cities/home>.

Schola Didáctica Activa, disponible en línea en <http://www.scholactiva.com/es/>.

Short Story Dispenser de Short Édition, disponible en línea en <https://short-edition.com/en/p/short-story-dispenser>.

The Beit Project, disponible en línea en <https://thebeitproject.org/es/inicio/>.

AICE, disponible en línea en <https://www.edcities.org/>.

ZigZag City Guides, disponible en línea en <http://zigzagcityguides.bigcartel.com/>.